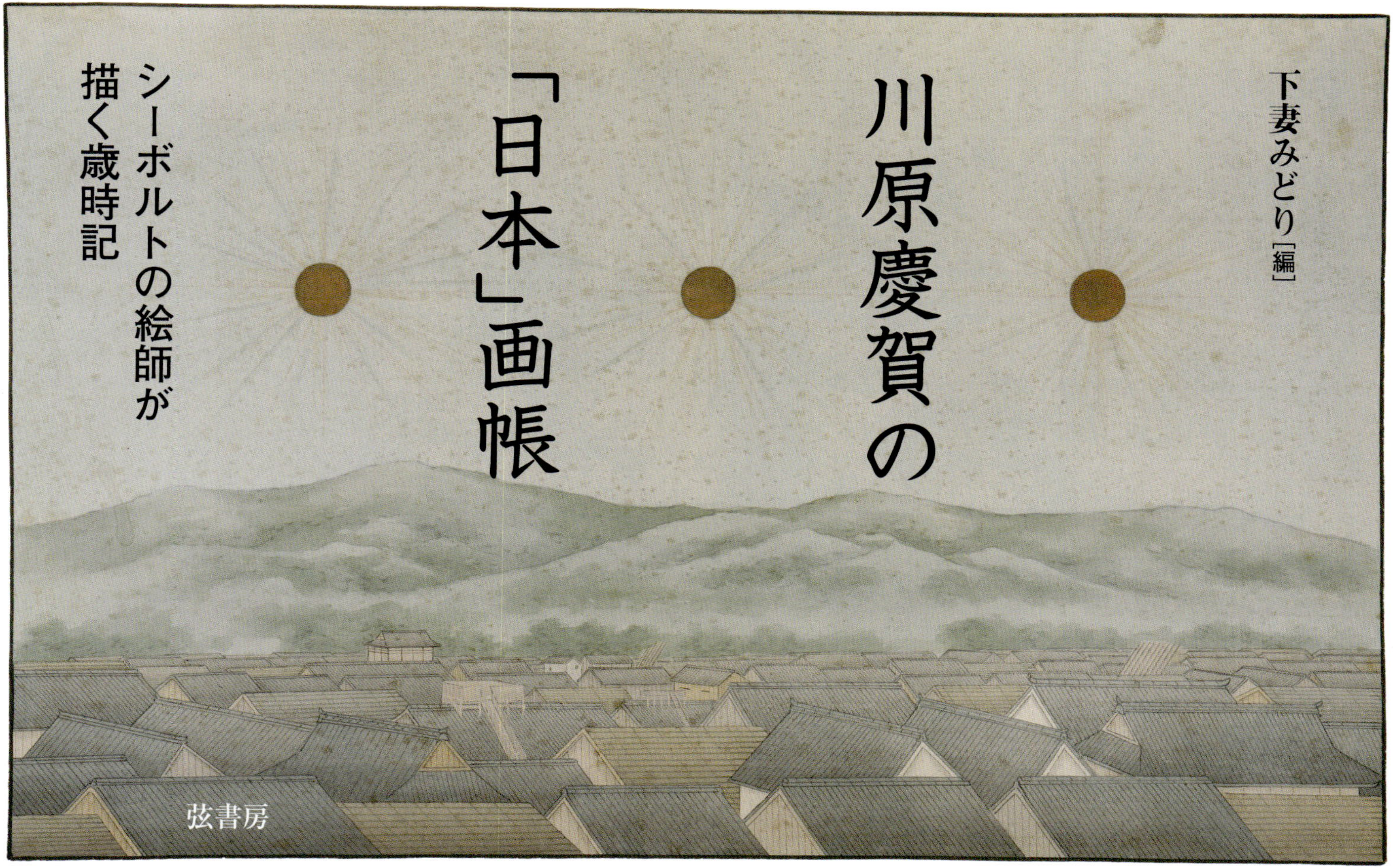

下妻みどり［編］

川原慶賀の「日本」画帳

シーボルトの絵師が描く歳時記

弦書房

長崎湾眺望図

正月（部分）Ⓝ

ハタ揚げ（部分）

供琴、七夕（部分）

精霊流し（部分）

くんち

歳市、行商（部分）

〈目次〉

正月〜浜遊び

くらしの風景―村のなりわい

ハタ揚げ〜夏越の祓

七夕〜菊見

くんち〜迎春

旅と道の風景

人の一生

本文中の図版について

＊特記のないものはすべて、オランダ・ライデン国立民族学博物館所蔵です。

＊末尾にⓃとあるものは、長崎歴史文化博物館収蔵。㊫は、野口文龍「長崎歳時記」の文化四年頃の写本（長崎歴史文化博物館収蔵）の挿絵を下妻が描き起こしたもの。写真はすべて下妻の撮影です。

＊タイトル表記は、原則として長崎歴史文化博物館のウェブサイト内「川原慶賀の見た江戸時代の日本（I）」に準じました。

＊絵によって枠の有無、台紙の有無がありますが、枠は原則として生かし、台紙は「正月の挨拶」（一六頁）のみ掲載しました。

（本扉）太陽の位置、
夏至、春秋分、冬至３ヶ所

（函・表）花見（部分）
（函・裏）大道芸人（部分）

（カバー）を飾る「布」は本書に登場する人々の着物たち。その下の（表紙）には、ちょうどそれを着ている人の顔が並んでいます。

はじめに

春はハタ揚げ、夏は盆、秋のくんちに浮かれたあとは、阿蘭陀船を見送って、ふと気がつけば、年迎え。

鎖国の時代も異国との貿易で栄えた長崎には、経済的、文化的な豊かさを土台にした祭りや年中行事が生まれました。また、出島や唐人屋敷にやってきた人々、あるいはそれ以前、自由に市中に暮らしていた外国人は、この町の衣食住や風景に、独特の彩りを添えました。それらのいくつかは、いまも長崎に息づいていますが、江戸時代という「長崎がもっとも長崎らしかったころ」の姿を見せてくれるのが、出島出入りの絵師だった川原慶賀の絵です。四季折々の風景は「長崎歳時記」、出島と唐人屋敷は「唐蘭館絵巻」、人々の生活は「人の一生」や、様々な職業を描いたシリーズの中に、それはそれは、写真のように鮮明に描き残されています。

川原慶賀。名は登与助、諱は種美、後に田口姓を名乗るほか、聴月楼主人という風流な号や、Tojosky（トヨスキー）というサインを絵に書き入れていることともあります。生没年については「たぶん、一七八六年に生まれて、一八六〇年までは生きていただろう」という程度しかわかっておらず、詳しい人物像やお墓の場所も不明です（一八頁、一〇一頁参照）。父親も川原香山という絵師。長崎画壇の大御所、貿易品を扱う唐絵目利でもあった石崎融思に弟子入りしました。そこまでは「わりと普通の」町絵師ですが、才能を見込まれてか、出島への出入りを許されたことから、慶賀さんの人生が大きく動きます。

幕府の鎖国政策により、西洋との窓口は長崎の出島だけに限られました。日本にとっては「西洋がやってくる場所」、西洋にとっては「日本を知る基地」。江戸参府もありましたが、一八〇〇年ごろには四年に一度となっていましたので、日常の感覚としては「長崎＝日本」だったことでしょう。阿蘭陀船には、貿易のための商館員はもちろんのこと、それを兼ねつつ、医師や学者が乗り込

絵師の道具（部分）

み、「知られざる日本」の情報収集に当りました。長崎の地に降り立てば、目に映り、手に取るすべてが珍しく、どれも記録しておきたいものばかり。しかしカメラのない時代、商館員がみな絵描きではないし、ほかの仕事も膨大にある。そこで日本人絵師の派遣が依頼されたのです。

慶賀さんは、商館長ブロンホフ（一八〇九～一三、一八一七～二三在任）や商館員フィッセル（一八一九～二九在任）、商館医シーボルト（一八二三～二九在任）らの注文に応じて、多くの絵を描きました。動植物、人物、風景、年中行事、人生儀礼、産業、商業、見たこともないはずの神さまの姿やアイヌの風俗まで、まさに森羅万象です。絵の数があまりに多いので（国内におよそ一〇〇点以上、海外に六〇〇〇～七〇〇〇点あるとされるが、未調査のものもあり、一万点を超える可能性もある）、よく注文される絵は複数人による「慶賀工房」が量産していたとも考えられ、外国人による模写と思われる絵もあることから、出島出入絵師・登与助「本人」の手によるものと「作品群」は完全には一致しないようですが、証明も難しく、若干「?」なものも含め「慶賀作品」として扱われているのが現状です。画風も独特。描かれた目的が「観賞用」ではなく「記録用」だったこともありますし、出島に入ってきた西洋画を見て、その技法を取り入れてもいたようです（「瀉血手術図」のひょっとこ顔は、フランスの画家ボアリーの「しかめ面」をアレンジしたもの）。とりわけ、二十七歳の若き博物学者でもあったシーボルトからは、葉脈一本、鱗一枚もゆるがせにしない絵を求められました。年齢こそ慶賀さんが十歳も上ですが、その才能はシーボルトによって、さらに引き出されたと言えるでしょう。雲や霞がたなびくような、いわゆる「日本画」の情緒や湿度をほとんど感じさせず、どこまでもドライにピントを合わせた慶賀さんは「シーボルトのカメラ」とも称されます。シーボルトは帰国後、大著『日本』を出版し、黒船のペリーをはじめ、日本に興味のある欧米人の情報源となりましたが、挿絵の多くは「慶賀フォト」を

瀉血手術図 Ⓝ

石版に起こしたものでした。

そんな慶賀さんの絵は、現在ほとんどがオランダやドイツ、ロシアなど、海外にあります。長崎歴史文化博物館のウェブサイト（http://www.nmhc.jp）では「川原慶賀の見た江戸時代の日本（1）」としてその一部がデータベース化され、オランダと日本にある作品のほとんどを見ることができますが、手に取って眺めるには、過去に行われた川原慶賀展の図録や、特集された美術雑誌を古書店で探すほかにありませんでしたし、「歳時記」すべての行事を、季節を追いながら気軽に見渡すようなことはできませんでした。

川原慶賀展図録（左：昭和 55 年　右：昭和 62 年）

ここで少しだけ、この本を作った私のことをお話しします。私が慶賀さんの絵を初めて見たのは、手元にある図録に「昭和五十五年五月」とありますから、小学四年生の時です。現在の長崎歴史文化博物館の場所にあった長崎県立美術館での「川原慶賀展」でした。ひんやりした美術館の中で出会った、異様なほど細やかな昔の長崎の景色と、楽しそうな人たち。それから大人になるまでずっと、たびたび図録を取り出しては、クスクス笑いながら眺めていました。その一方、大学で民俗学を専攻したあと、雑誌のライターやテレビの仕事をしながら、長崎の生活や文化について考えたり、伝えたり、ということをしてきました。「いま」を深めたいと思えば、どうしても「むかし」という源泉を覗きたくなります。そうするうちに、こんどは文章で書かれた江戸時代の『長崎歳時記』（野口文龍著）と出会いました。「わあ！　慶賀さんの絵みたいだ！　じゃあ

書家の書斎（儒者、文人とも）

絵師の工房（慶賀の師である石崎融思を描いたものと考えられ、右下の人物は慶賀自身ともされる）

一緒に並べちゃえ！」その瞬間、この本への第一歩が踏み出されていました。
二人の絵と文章を見比べながらの作業は、まさに「文龍さんはこう言ってるけど、慶賀さんは？」と、（そばで見たら少々怪しい状態で）対話しながら進めましたので、もはや二人を呼び捨てにすることはできなくなりました。これまでお気づきかもしれませんが、本書では「慶賀さん」「文龍さん」、のちほど出てくる「メイランさん」という敬称で進めますので、どうかお付き合いください。

文章版『長崎歳時記』の序に記された年号は、一七九七年（慶賀さんは、たぶん、十一歳でした）。著者の野口文龍さんは国学者とも地役人とも言われますが、こちらも慶賀さん同様、詳しい経歴などはわかっていません。野口のほかに橘の姓、京大夫や淵蔵の名、華陽という号もあります。一説によれば、大阪で没したそうです。『長崎歳時記』のほかにも、『長崎名勝図絵』（一八二〇年ごろ編纂）の民俗的な部分の解説を手伝っていたりするので、それなりの教養人だったことでしょう。その文龍さんが「これまでも長崎については先人たちが記しているのですが、目の前にある暮らしがおもしろいので書かずにいられないのです」と著したのが『長崎歳時記』です。元旦から大晦日までの祭りごとやならわしなどが細かく記されており、「ハタ揚げ」や「精霊流し」など、長崎ならではのものも見られますが、「全国共通」の行事も多くあります。その一方で「必要があれば図解も入れましたが、私はあまり絵が得意でないので、いつかだれかが補ってくれると嬉しいです」とつぶやいてもいます。慶賀さんの歳を考えると、文龍さんのほうが二世代くらい上ですが、直接の面識はさておき、「腕の立つ若い絵師が出島に出入りしているらしい」というくらいは知っていたでしょう。二〇〇年ほど後ではありますが、二人の「歳時記」は見事な「コラボ」となり、無事、文龍さんの願いは叶えられました。絵と文それぞれが補いあって、江戸時代の長崎、そして日本の様子が生き生きと立ち上がってきます。

ところで、江戸時代のことを現代の私たちが見るとき、懐かしいと思う視線と、もはや異国に対するような視線の両方があります。慶賀さんの絵は、西洋人の求めに応じて描かれたものですから、まさにそのあたりの「立ち位置」に

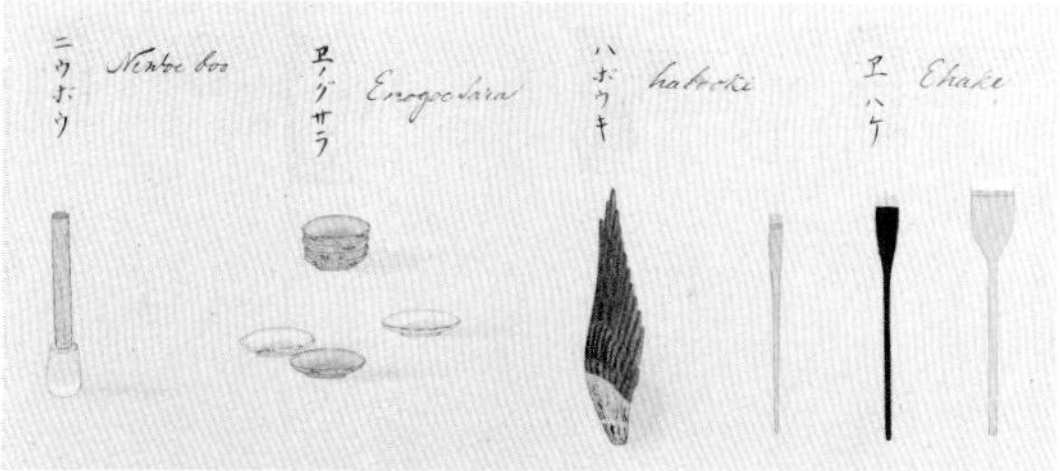

絵師の道具（部分）

しっくり来るのかもしれません。それとおなじく、当時の西洋人の日本についての記録は、江戸時代の日本人のそれよりも、いまの私たちが抱く印象に近いことがあります。本書では、慶賀さんの絵、文龍さんの文章を主にしながら、時折、カピタン・メイランの文章をはさんでいます。メイランさんは、シーボルトが出島にいたころのオランダ商館長（一八二六〜三〇在任）で、日本研究の使命とともに、持ち前の好奇心と分析力も発揮しながら、日本や長崎についてレポートを残し、それは死後『日本』という本にもなりました。本書では「歳時記」に続き、「人の一生」を収録しています。慶賀さんの絵だけでも良かったのですが、メイランさんが日本人の一生について記したものを慶賀さんの絵に当てはめると、これがまた「同時中継」かと思えるほど、絶妙にお互いを引き立てあってくれました。絵も文章も、江戸時代後期の「長崎の上流階級」という条件と、生活や文化の違いによる誤解と思われるものを差し引くべき部分がありますが、それも含め、この「人生歳時記」も、いまと変わるもの、変わらないものを見比べてみてください。

各章の間には、「くらしの風景」として、産業や職人たちを描いたもの、「旅と道の風景」として、慶賀さんが江戸参府に同行した際の各地の風景なども配しました。現代を生きる私たちの生活と文化を生み出し、支えてくれているひとつの「山河」として、本書を楽しんでいただければ幸いです。

＊　本文中の文龍さんの文章の末尾には（龍）を付しています。メイランさんの文章の末尾には（M）を付しています。下妻の解説は、ゴチック体で記しています。

＊『長崎歳時記』は『長崎県史・史料編第四』に掲載されたものをもとに、下妻が現代語訳していますが、本文の中に該当箇所をすべて載せるのは無理でしたので、かなりの「抄訳」としました。しかし、収録できなかった行事もありますし、淡々としながらも、時々含み笑いが聞こえてきそうな文龍さんの歳時記を味わっていただきたいので、巻末に全文訳を掲載しています。

＊　メイランさんの文章は、原則として『日本』（『長崎県史・史料編第三』）からの引用です。必要に応じて、要

約や語句の変更、文章の編集をしています。なるべく原文を生かすようにしたので他の文章と表記の違いが見られますが、あらかじめご了承ください。

＊ 訳文中の（ ）は、文龍さん、メイランさんの但し書き、（※）は下妻による注です。

＊ 歳時記本文中、絵のタイトルにおいて、現在の人権意識に照らせば不適当と思われる語句や表記も見られますが、時代と作品の価値を尊重し、そのままにしています。

絵師の道具（部分）

正月～浜遊び

正月の使用人たち

正月

元旦、家々では夜明け前のまだ暗いころから、恵方（※1）の水を若水（※2）として汲み、湯を沸かしてお茶を入れます。また、一年分の手ぬぐいも新しく下ろします。神棚、恵方棚、仏壇を清めて灯火を掲げ、雑煮を出し、お屠蘇を飲んで祝うのです。雑煮は、三日、あるいは五日限りです。

お膳の向こうには、皿に裏白を敷き、その上に塩鰯を二、三匹ずつ乗せた「据わり鰯」を置いておきます。来客の際は、まず「手掛けの台（※3）」を持ち出し、お屠蘇や雑煮を出します。お屠蘇の盃は、多くは土器（かわらけ）を使い、三方に裏白を敷いて、その上に重ねておくのが古式ゆかしいやりかたです。（龍）

新年、これは日本人の間では最大の祭日で、はじめの六日間は松の内と呼ばれ、儀式張った行事を行うと同時に、楽しんで過ごす。とくに最初の三日間は、役人や友人・知己を訪問して、その幸運を祝福するために当てられる。（M）

※1　その年の歳徳神、年神さまがいる方角。「明きの方」とも。
※2　元旦の朝、年の初めに汲む水。
※3　十七頁「正月」図の、訪問客の右手側に見える。詳しくは十二月の項参照。

㊫

裕福な商家では門松を立て並べたりもしますが、多くの家は質素を守り、松の枝を戸口の左右に打ち付けた「打ち付け松」を飾っています。〆飾りはどの家も先祖からの作り方があり、根曳きの小松に竹を添えて、その左右に輪状の〆を掛けることもあれば、大きな〆を曲げて中に飾りをして家の門先や玄関などの上に掛けるものもあって、一様ではありません。門松は薪を束ねて根を固め、あるいは笹の葉で垣根を造り、または萩を揃えて根を囲って、左右の垣根にしたりもします。

〆飾りは、包んだ米と塩、海老、橙、炭、昆布、串柿、裏白、ユズリハなどで作ります。

冬からこの月にかけては、夜分、誰ともわからない者が、かねてから憎らしいと思っていた家の松飾りを引き下ろすという嫌がらせをしたりします。また、子どもたちなどが、柿や昆布などを狙って取ったりもするのですが、このどちらも、長崎のよろしからざる一面であります。（龍）

家の外には、松の枝と竹で作った一種の門ができる。その最上部には、「しめ縄」という名の、米と塩を結びつけた伊勢海老と橙の飾りが付いている。これらの品々は、日本人が木と竹の小さな小屋に住み、少量の米と塩とで満足していたその祖先の倹約と貧窮のシンボルと見なし、特に現在では、日本人がより立派な家に住み、魚や果実を食べることができる安楽で豊かな生活に対比する意味を持っている。

また、松の木は、幸福な生活が長く続くことを願うシンボルとも見られる。特にこの特色は、松の常盤の緑色によって、あきらかに示されている。（M）

正月の挨拶

正月 Ⓝ

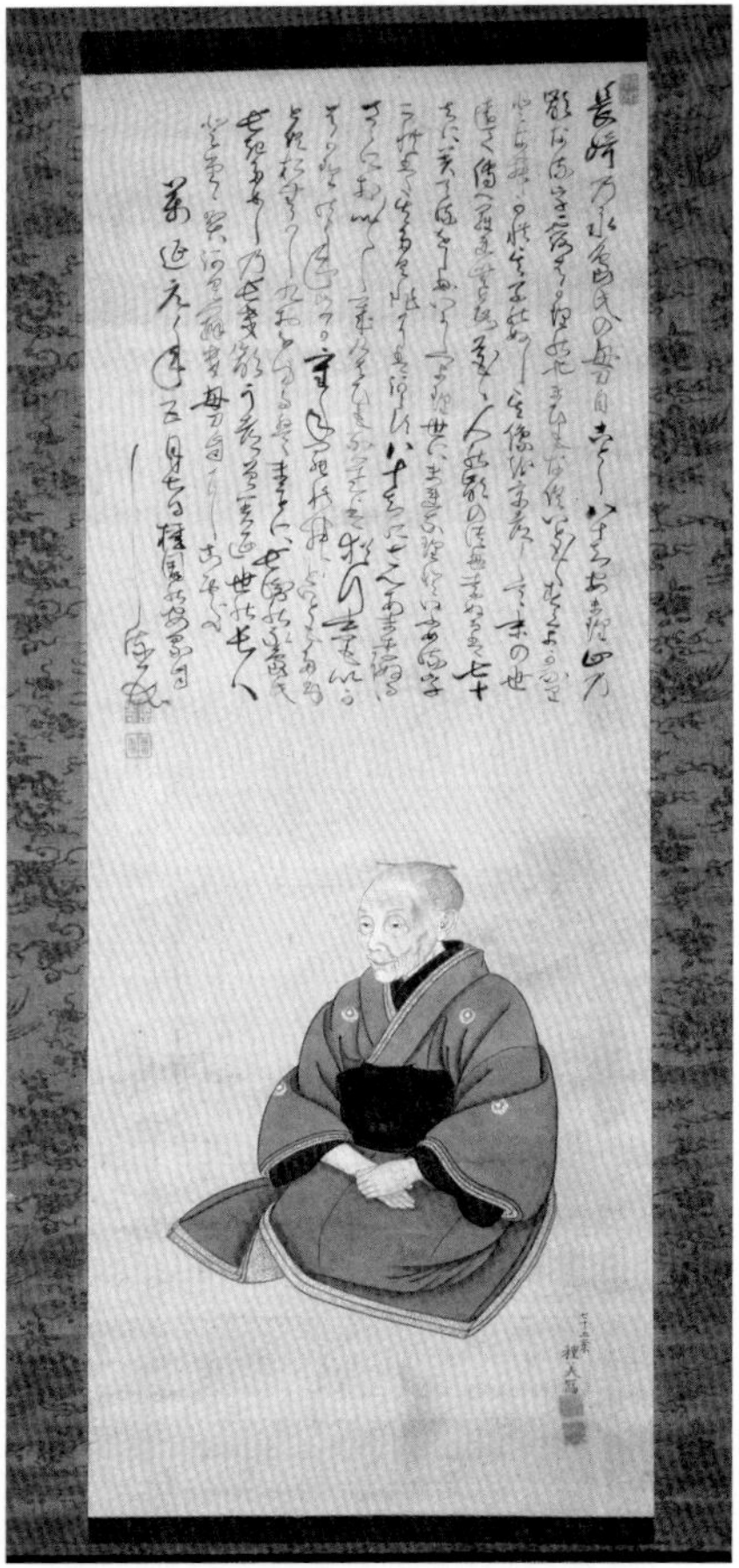

永島キク刀自像　Ⓝ

元旦気分・器用の恩

商家は、前夜の取引で徹夜しているので、元旦はまだ夜中のようです。門を閉ざしてしまって、誰の挨拶も受けません。

最近、気分がボンヤリすることがあると、長崎の人たちは「元旦気分」と言い表したりするのですが、それはこの「商家の人が大晦日に徹夜した状態」に喩えているのです。

この日は、一年中使う道具たちの恩に報いるために、家財を休めます。お金も、一銭も出さないようにと慎み、物を買うことはしません。（龍）

長崎のお正月には、ほかにも「お絵像さま」という先祖の肖像を飾るならわしがありました。右の絵は、慶賀さんによる「永島キク刀自像」ですが、万延元（一八六〇）年に記された落款に「七十五歳種美写」とあるので（『種美』は慶賀の諱）、慶賀さんの生年は天明六（一七八六）年と推定されています。

寿ぎの人々

チャルメラ吹き

この月の間は、チャルメラを吹き、小銅鑼や片張りの太鼓で囃しながら、町の家々を訪ねる者たちがいます。家々からは、小銭の包み（その家の懐次第で、六～七文から十四～五文くらい）を与えます。

以前、彼らは刀を持たず、古い袴を着ていましたので、役人たちの袴の着こなしが悪いと「チャルメラ吹きの袴」と言われてしまいます。ここ三～四年前からは、羽織だけを着て廻っているので、そうみっともないことはありません。

長崎ではチャルメラ吹きの家が決まっています。これは唐人が亡くなった時、遺体を寺に送るまでの道中、チャルメラを吹いて付いていく人々が昔からいて、彼らがこの謝礼を、長崎会所（※貿易や行政の機関）を通して受け取るようになったからです。

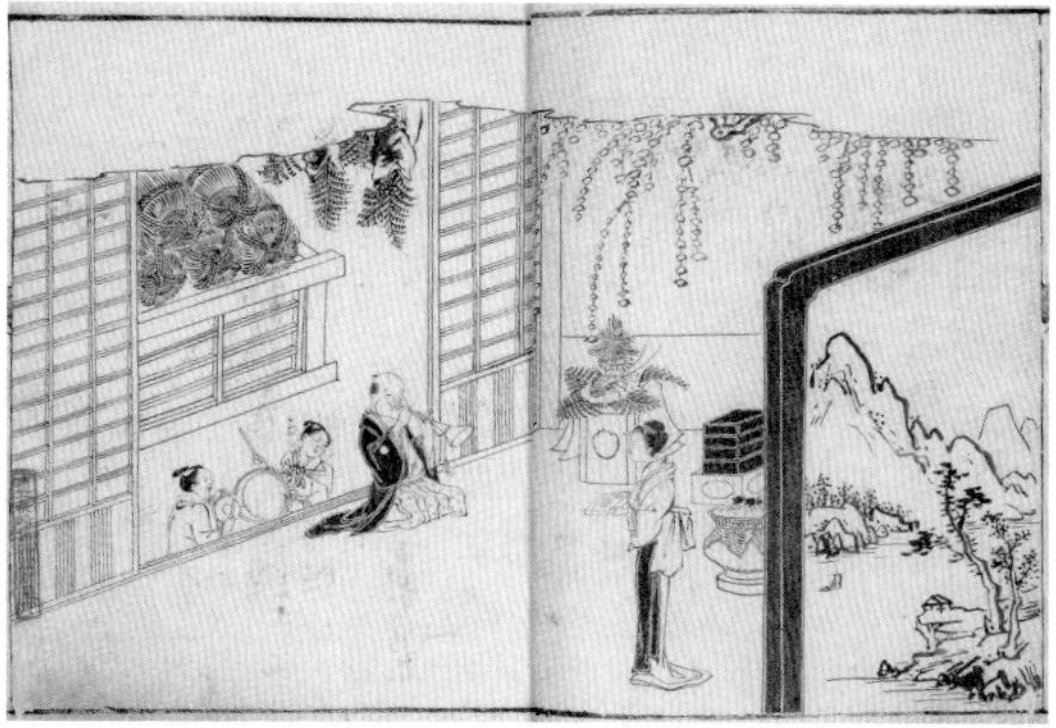

チャウメラ吹き　『長崎名勝図絵』　Ⓝ

ナマコ売り

正月二日には、小商いをしている人々が「商い初め」ということで、大人子どもに限らず、暁にかけてナマコを売り歩きます。その声は午前四時ごろから大きくなるのですが、家々ではこれを買い整えて、朝のなますに加えます。値段の交渉はしません。彼らを家に呼び入れて器を出せば、ナマコを入れてくれるので、十二文、または十三文と、その年の月の数の通りに紙に包んで渡します。古くからの長崎の風俗です。

長崎の人たちはナマコのことを「たわら（俵）子」と呼ぶのですが、それはその形が米俵に似ているところから来ています。二日を「商い初め」として、すべての担い売りの商人が「たわら子」を売るのは、売り買い双方とも、米俵にまつわるものであることを踏まえてのことです。

正月（P.17の部分　Ⓝ）　大黒舞

寄合・丸山両町の遊女屋では、出入りの魚屋たちが、毎年おめでたいならわしとして、夜、門を叩いてナマコを持ってくるので、祝儀として銭百文ずつを包んで与えるそうです。

大黒舞

非人たちが二〜三人ずつ一組になって、編み笠をかぶり、家々の門に立ち寄って、歌を歌います。俗にこれを「やわらやわら」と呼ぶのですが、これは歌いだしの文句です。また女の子が黒い木綿で顔を覆って槌を振り、大黒舞や「松尽くし」などを歌ったり、恵美須や大黒の格好をしてやってきては、米を乞うのです。

大黒舞

盲僧

盲僧などが川柳にお守り札を結びつけたものを家々に持ってきて、新年を寿ぐことがあります。三〜四銭を包んで渡します。（龍）

僧侶（琵琶法師）

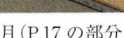

正月の遊び

子どもの遊び

三日。家々では暁に起きて、店先には葦または竹の簾を垂れ、みな賑やかに過ごします。子どもたちの遊びは、破魔弓、双六、猫貝、手まり、羽子板、紙打などです。貧しい者たちは、すぼ引、よせ、けし、かんきり、かろば、筋打などをして楽しんだりしますが、博打に似ていると言って、厳しく禁じる親もいます。

猫貝は、茂木や矢上などの近隣の浦より出る、小さくて丸い貝です。「のせはじき」「十五つかみ」「とんのみ」などの遊び方があります。

猫貝

紙打は、互いに二、三枚、または五、六枚ずつの鼻紙を出し合わせ、積み重ねます。糸を付けた針を口に含み、紙めがけて打ち出して取り上げ、それが多いほうを勝ちとします。輪になって座った子どもたちが回りながらこれを打ち取り、勝負を決めます。

よせ

木を地面に立て、二、三間離れてコインを投げて、木に近いほうが勝ち。

けし

地面に渦を描いて、これもまた投げたコインが中心に近いほうが勝ち。

かんきり

穴の前にひとつの筋を描き、これまた投げたコインが筋にかかると良い。

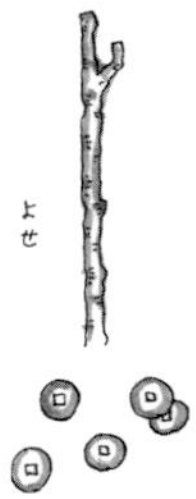

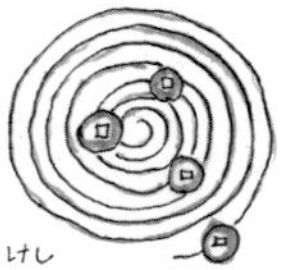

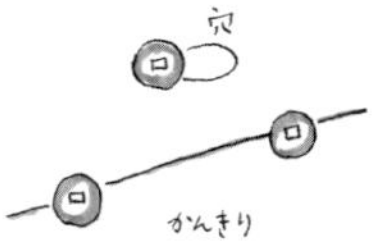

筋打
広馬場、または出島と呼びます。投げたコインがこれに乗りつつ、筋にかからないのが最高。

かろば（穴ほん）
地面にコインが入るくらいの穴を掘り、そのまわりに円を描きます。まずは順々にコインを投げて、穴に近い人が親になります。また順々に、穴を狙って投げて、入らないコインがあれば、今度はそれを狙って打ち取るということを繰り返して勝負を決めます。

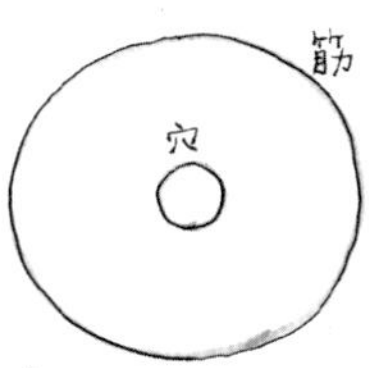

穴ほん（かろば）

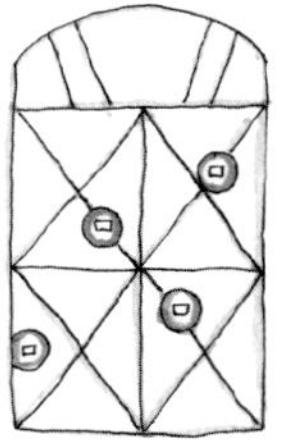
筋打

ねんがら
素材により「木ねん」「金ねん」とも呼びます。「たてば」「やりば」「づうかおう」「ちんかん」「くさらかし」などの遊びかたがあります。しかしこれはみんな、子どもたちの呼び名ですから、意味はよくわかりません。（龍）

ずいぶん詳しいレポートに、文龍さんの子ども時代がしのばれます。メイランさんは「婦人たちの楽しみ」として、「毬つき」も取り上げています。実際に試してみたようで「**この遊戯はきわめて簡単に見えるが、実は非常な器用さが必要である**」と記しています。また、コマ遊びについては二三六頁を参照ください。

出産（P.164 の部分）ねんがらで遊ぶ

唐館水かけ

唐館では「水かけ」を行います。これは船の「火の元番」たち（※唐館に派遣された下働きの日本人）が、冬から踊りを練習しておいて、早朝から笛や太鼓、銅鑼を叩き、土神堂や関帝堂、その他、唐人の部屋の前で、風流や今様の踊りなどを踊ります。この時、船主などの偉い人たちは、思い思いに遊女たちと見物します。長崎ならではの珍しい眺めです。（龍）

鎖国の世になっても、長崎市中での中国人の滞在は自由でしたが、一六八九年、密貿易の防止などのために居住区の唐人屋敷が、一七〇二年には貿易品を収める新地蔵が作られました。それぞれ現在は「館内町」と「新地中華街」となっています。

唐蘭館絵巻　唐館図　唐船入港図　Ⓝ

唐蘭館絵巻　唐館図　荷揚水門内部図　Ⓝ

（左図部分）トラブル発生!?

唐蘭館絵巻　唐館図　観劇図　Ⓝ

踏絵

三日。町年寄の踏絵。

四日。この日より市中の踏絵が始まります。

江戸町…（町名略）…都合十六町、絵板は十二枚あります。町役人がとにかくすべての家々を回って、これを踏ませ、そのつど、帳面に付けるのです。また「朝絵」「夕絵」と呼ぶことがあります。大きな町では、絵板一枚踏ませて回るのに時間がかかるので、朝夕の区別があるのです。（龍）

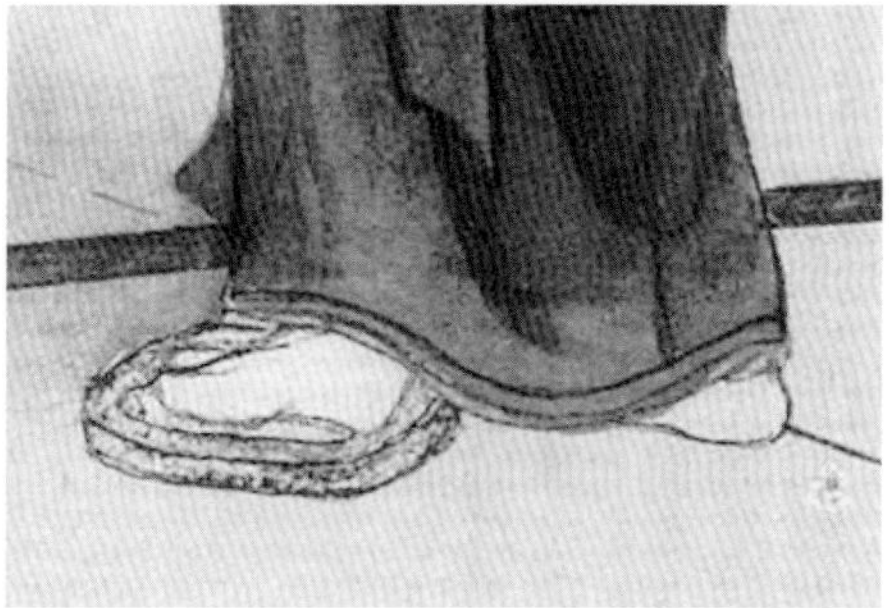
踏絵（P.28 の部分）

昔キリスト教が最も根を張っていた所、とくに長崎では、有名な踏絵の儀式が始まる。長崎で大抵八日間は取られる。どの町の住民はどの日と決められている。この式は、小児イエスを膝に抱いた処女マリアの像を彫った銅板を足で触れるのである。役人の立ち会いのもとに行われ、この役人がその詳しい手続きその他を決める。それを免除するものは一人もないし、いかなる口実をもってしても、誰もこれを免れることはできない。病人や懐に抱かれた幼児もそこに運ばれて、真っ直ぐに立つことのできない人には、踏絵板を足に圧しつけてこの式を済ませるのである。これについては、日本人の間では、物に足を当てることほど大きな軽蔑のしるしはないということを、知らねばならぬ。これはおよそ日本人のなし能う最大の侮蔑であり、従って日本人はどんな些細な物でも、足で触れることを極力注意して避ける。（M）

そして「外国人も踏絵をさせられるという話があるが、そんなことはない。」ということに加え「真偽は不明」としながら、次のようなエピソードを記しています。

踏絵が始まって当座の間は、日本人はこのような銅板を一枚しか持たなかった。それでは日本の政策上、踏絵を行う必要があると思われる場所全部に、一時に使用するには不十分だというので、一人の芸術家が、そのために必要とされるだけの踏絵を模造する仕事を命ぜられた。芸術家は、現物と模造品のあいだに何らの区別も見出されぬくらい立派なものを作ったが、その彼がその褒美として報いられた所は、それ以後彼がキリシタンのために働くことを予防するために、将軍の命で首をはねられたということであった。（M）

長崎の年中行事の中でも特別な意味を持つ踏絵（現在『踏絵』は『キリシタン発見のための聖像が刻まれた板』、それを踏むことは『絵踏み』とされる場合が多いのですが、絵のタイトル及び文龍さんの原文表記により『踏絵』としました）。文龍さん、慶賀さんが生きた時代は、禁教から二〇〇年近くが経っていましたので、切実な信仰をもって踏絵に臨んだ人は、もはや少なかったことでしょう。それでもあまり気持ちのいいものではなかったようで、長崎学の父・古賀十二郎さんの『長崎市史風俗編』（大正十四年刊）によれば、踏絵が終わったあとには「厄払い」と称した宴が開かれ、あらためてお正月を寿ぐかのような万歳までもが家々を回ってきたとあります。踏絵そのものにも様々な作法や言い伝えがあったようですが、文龍さんは書き残していません。ほかの行事の記しかたや、ほんの少し前の「子どもの遊び」の饒舌さを思えば、その記述はあまりに簡潔。メイランさんのほうがよほど詳しいのです。その真意はわかりませんが、ひとつ確かなことは、この時代の長崎に暮らした文龍さん、そして慶賀さんは、生まれてから死ぬまで、毎年お正月に踏絵をしていたであろうということです。慶賀さんの絵に出てくる人たちは、そのほとんどが（人の死に際する時でさえも）楽しげなのですが、この「踏絵」の表情にだけは、どうしても陰を感じずにいられません。

二月になると、日本人はキリスト教に対する憎悪に関係することをすべて忘れてしまって、専ら草や木の中に美しく芽生え始める自然の美に注意を向けるようになる。（M）

踏絵（P.28の部分　3点とも）

踏絵

鬼火焚き

〆おろし・小正月

六日。家々では、〆飾りを下ろして門松を片付けます。幸木の〆は「翌年まで外さずにおけば盗難を逃れる」ということが言い伝えられているので、そのまま置く家もあります。あるいは松飾りの橙を取って、床の下に投げ入れておいたり、橙を戸口の上や糠味噌に漬けておくと、これまた盗賊に遭わないまじないになるそうです。（龍）

新しい年の最初の六日が過ぎると、日本人は、去年の最後に最大の注意を払って建てたものを破棄する祭日をとり行う。家の前に建てた門は壊され、その木材は注意深く集められ、これに火をつけるのは子どもたちの仕事である。彼らはこれを神を喜ばせるところの捧げものと見て、そこから立ち上る煙と炎とは、新しい年の始めに当たって伝染病やその他の害をもたらすような悪気から空気を浄化してくれるものと考えている。（M）

十四日から十五日の夜までは、もぐら打ち。町の男の子たちは、門松に添えられていた竹を取っておいて、図のようなもの（※図版参照）を作り、家々の門口にやってきて、踏み石を打ちます。掛け声は「もぐら打ちは科なし、ぼうの目、ぼうの目、祝うて三度、しゃんしゃんのしゃん」。そうして家に入り、お金をねだります。もしお金を渡さなければ、また帰りに踏み段を打ちます。その時は「打戻せ打ち戻せ、一まつぼう、二まつぼう、三まつぼう、四まつぼう、鬼子持て子持て」と言い捨てて、隣の家に行きます。

これは貧しい家の子どもだけがするわけではあ

もぐら打ち　『長崎名勝図絵』 Ⓝ

りません。昔はお金をねだることもなく、ただ家々の踏み石を打って戯れとするだけでした。いま、家々に入ってお金をねだることは、世の中の悪い流れによるものなのでしょうか。長崎の良くない風俗です。

この日、子どもたちは、市中の家々で下ろした〆縄を貰い受けて、諏訪神社の焼き場に担いでいってこれを焼きます。焼くときにはそれぞれ「鬼の骨、鬼の骨」と唱えます。(龍)

七草

六日から近隣の子どもたちは、七草を取って売り歩きます。家々ではこれを煮て、午後三時ごろから恵方に向かい、「唐の鳥と日本の鳥と渡らぬ先に」という決まった呪文を唱えながら、菜包丁の背でまな板を叩きます。しきたりに厳しい古老がいるような家では、これを真面目に唱えるのですが、私などはつい笑ってしまいます。意味も諸説あるのですが、正確なところはわかりません。

七日。俗に七日正月と呼び、家々ではなますを作り、七草雑炊を煮て、神棚、恵方棚、仏壇などにお供えしてお祝いします。(龍)

七種のいろいろな食用の草を混ぜた食べものを設けるが、これは一年中を通して悪い病気、ことに有毒の水にあたらぬように浄める力があるとされている。

(M)

唐館龍踊り・上元

十五日。唐館では「蛇おどり」。唐人たちがハリボテの大きな蛇を作り、夜になれば体内に灯をつけて、館内をぐねぐねと回るのです。船主らの部屋では、露台に毛氈を敷き、数十の灯をつけて賑わいます。市中の女子供たちは、館内の上にある小島郷の稲荷岳に登って見物します。

福済寺（下筑後町の山手にある漳州寺）の観音堂では「ロウソク替え」があります。俗に「しょんがん」「しょむがん」と言い、「上元」が転じたようです。日暮れごろから、お堂の仏様の前に、唐のロウソク数千本を灯しておきます。市中からの参詣者は、和ロウソクを持参し、手前から、唐ロウソクと交換します。次々に引き換えられるので、まるでロウソクが階段を昇っているかのようです。換えた唐ロウソクは持ち帰るのですが、それは仏前でお経の上がったロウソクなので、たとえば病人の枕の上にこれを掲げることで、ご祈祷になるというのです。参詣の人たちは、競って立て替えるのですが、これが中国の風習なのかどうなのかはよくわかりません。（龍）

現在、旧正月に行われているランタンフェスティバル。「ロウソク祈願」や、旧一月十五日の「元宵節」があります。

福済寺

唐蘭館絵巻　唐館図　龍踊図　Ⓝ

百手の神事

十六日。諏訪神社では、百手《ももて》の神事があります。社記を見て考えると、これは門戸におられる神、クシイワマトノミコト、トヨイワマトノミコトのお祭りで（この二神は、俗に矢大臣、または矢五郎さまと称します）、毎年この日、礼を尽くしてお祭りするのです。粗櫛《あらぐし》を割り、羽根型の紙を挟んで作った白羽の矢を二百、黄白の餅を二百、お神酒を二瓶、これを本殿の内陣にお供えし、社人たちは祈りを捧げ、神楽を舞う二人が弓矢を持って矢大臣の前に行き、左右に拝して湯立て場に行って的を立て、左右それぞれに射るのです。

それが済んだあと、神宝蔵の前後の窓から百手の矢を投げ出しますと、参詣した男たちが群れ集まって争い取ります。これは「矢ばかい（『はかい』は方言）」です。取った矢を家に持ち帰って神棚に納めれば、一年の邪気を払うと言います。さらに神主の家では、若餅百個が玄関より撒かれます。これをまた、参詣の人々が争い取り、甘酒を器に入れておいて、ひしゃくを添えておいたお神酒も、我先にと頂戴するのです。言い伝えでは、この餅を取った人は、一年の幸せを得るそうです。（龍）

長崎くんちでも知られる諏訪神社は、この町の氏神さま。長坂と呼ばれる七〇段あまりの石段を登った両側に鎮座しておられる「矢五郎さん」のお祭りは、現在も行われています。

百手神事の的と矢

二十日正月

俗に二十日正月といって、家々ではなますを作り、餅のくずを赤飯にして、神棚、荒神棚などにお供えします。また「煮込み」といって、身分に関わらず、前の夜から「幸木（※一四三頁参照）」の鰤の骨や頭、大根、ごぼうなどを取り混ぜて煮て、この日の珍味とします。（大豆は節分の夜の豆を取っておいて入れます）もし来客があれば、まずこれを出してお祝いします。

煮込みは正月以来の魚や野菜の切りくずを取り集め、食べものを無駄にしないようにということを、恵美須さまの戒めとして昔から伝えているとも言いますし、この日の煮込みは銘々が腰に箸を差して七カ所を回る…すなわち七つの場所で食べると良いという珍説もあります。初めて市中へ奉公に出てきたような田舎者がいて、主人の親類縁者のところへ行くようなことがあれば、家々の娘たちが、彼らに箸を差すようにそそのかし、笑い者にします。しかしいまどきの人々は誰もかれも知恵がついてしまっているので、騙される人は百人のうちの一人、二人でしょうか。

この日はまた、二十日恵美須でもあり、淵村の稲佐郷の恵美須社へ参詣することもあります。以前は市中の老若男女が、小舟や屋形船で遊女などを連れて楽しんでお参りしていたものですが、十七〜八年前に、遊女町の出口の船大工町で、悪たれどもが両町の者と口論しはじめ、遊女たちが通行することを差し控えるようになってから、市中からの参詣も衰えました。そして今、遊女を連れた船もありますが、昔に比べると物の数になりません。信心深い商家の人たちだけが集まっています。（龍）

二十日正月の祭り、これは一月二十日、漁業の神の恵美須を祭るためで、煮込みと称する食物をこの神に供え、またこの日、訪問する友人にごちそうしてお祝いする。（M）

西国巡礼出立・籠り講

二十五〜二十六日ごろは、西国巡礼（※）へ向かう人たちが出発する日として、いずれも巡礼の歌を唱えながら市中を回り、家々より米を貰う様子は、まるで修行者のようです。町内の知り合いの男性はみな、晴れ着を着て列を整えて後に付き、一緒にご詠歌を唱えます。この付き添いの者たちが多いほど良く、女の人たちも負けじと衣装を借りてきて、分不相応のおしゃれを尽くし、街はずれにある桜馬場の八幡社のあたりの茶屋まで送ります。

いずれもひとつの町ごとに酒や肴、いろいろなごちそうを持ってきて、別れの杯を交わします。以前はこの見送りの帰りに、南北の両馬町の通りで、三味線、太鼓、笛など、さまざまな芸を披露したり、旅立った人の家で騒いでいたのですが、ご改正（※寛政の改革）のあとは質素を旨とし、それはやや静まっています。

西国巡礼出立 『長崎名勝図絵』 Ⓝ

二十九日の夜は、座頭や瞽女といった人々が「籠り講」として、諏訪神社の拝殿に集まり、夜を徹して三味線と琴を弾いて神前に手向けます。市中の老若男女でこれをたしなむ人たちは、それぞれに酒や肴を持ってきて、演奏を聞いて楽しむのです。（正月、五月、九月にあります）（龍）

※西国三十三ヶ所への巡礼。

メクラ

瞽女

節分

節分の夜、家々ではなますを作り、神棚、恵方棚、そのほか家財道具、浴室、便所などに明かりをつけておき、黄昏を過ぎるころ、「最初の暗闇」ということで、灯してあった家中の明かりを全部消して、豆まきを始めます。この豆は二合でも三合でもいいのですが、一升枡に入れ、金持ちは出入りの者、普通あるいは貧乏な家は、家の主が豆を持って年男になり、まずは恵方棚、神棚に向かい、とても小さな声で「福は内」と三回唱え、それから大きな声で「鬼は外！」と唱えます。家の部屋すべてを回ったあと、庭に降りて、外に向けて打ち出します。家によってやりかたは様々ですが、これが終われば、祝い酒です。俗にこの夜の大豆は、いつもより強く煎ると良いと伝えられています。女たちが昔から言い伝えているだけで、その意味を知る者はあまりいませんが、「赤くて丸いもので災厄や鬼を追う」という話が「文選六臣注（※中国の詩文集とその注釈書）」に詳しく載っているのを見ると、昔から大豆を「赤くて丸いもの」に見立てて、煎り過ぎを良しとするのではないでしょうか。

この日は紅大根という赤い大根が売られています。古くから、家々ではこれを買ってなますに刻んだり、生のまま輪切りにして台に盛り、かたわらに塩を添えて、この夜の肴とします。退治した鬼の手に見立てているのです。

暮れごろには、一年間使ってきた火吹き竹の口に紙を詰め、家々の子どもたちや使用人たちが、門口より外に投げ捨てるのですが、投げた先は絶対に見てはならないとされています。これがまた、昔ながらのことで、理由はわかりません。ひょっとしたら、火吹き竹は一年の間、「気」を吹き入れ続けた物ですから、それを邪気にたとえて投げ捨てるということでしょうか。いずれにせよ、これを誰かが拾うのは禁じられているのですが、その多くは非人や乞食といった者どもが拾って薪にします。（龍）

この夜は「厄払い」といって、山伏などの宗教者たちが貝を吹き、鈴を振り、あるいは錫杖を振り立てて、町中を「厄払い、厄払い」と触れ歩きます。もしお祓いを頼みたければ、小銭を包んで門先でお祓いしてもらいます。また、三味線や太鼓、笛を囃し立て、踊ったりしながら寿ぎをする人がいたり、へぎに塩を詰み「恵方から潮が満ちて来ました～」と言う者、あるいは白鼠の作り物などを持って家々を回り、お金を乞う者もいます。このようなことは、ただ卑しい者たちの稼ぎというだけでなく、遊び人たちが戯れにその姿を真似して顔を隠し、若いお嬢さんのいる家をつぶさに回って、お嫁さん探しをしている場合もあります。

諏訪社の拝殿でも豆まきがあります。諏訪社の年豆は、例年、土製の「八分大黒」を三勺ほど入れ混ぜており、この「大黒」を拾い当てた者は、その年の福を得るといわれています。（龍）

精神的な悪魔が人々の家内に隠れようとしていることが分かった日には、彼らは悪魔除けに熟練の人を頼んでお祓いをして、その間に石を投げ棒で叩き散らし、喚声を上げたりして、悪魔が恐れて逃げ出すまで大騒ぎをする。狡猾な悪魔は、いつもうまく人の家に入り込もうとして、不意に、しかも夜現れるように務める。（M）

文龍さんの時代には、諏訪神社の豆に小さな「大黒」が混ぜられていたようですが、現在は、江戸時代に作られたという「大黒札」が販売されています。

大黒札

節分、豆まき

修験者、行者

岩屋山参詣

長崎の北に岩屋山という山があります。大村藩に属し、長崎の町からは三里ほどの道のりです。一月の初めから十五日までの間に登れば、その年の運気がとても強くなるというので、市中の男女はみんな誘いあって参詣するのです。いつのころからの言い伝えなのか古老も知りませんが、ある人は「誰かが戯れに人を騙してみたことが、ついには『本当』となって、みんなが聞き伝えて参詣するようになったのが、この二十二〜三年のことだ」とも言います。

この山は、昔は修行の坊がたくさんあって栄えていたそうで、その頂上に登る道は険しく、「稚児落とし」などという所があります。昔は魔所であり、女性が登ったりはしなかったのですが、瀬戸の「はつえん」という人が登ってからは、女の人も登るようになったということです。

ただし！　私が十七、八歳のとき、友だちと一緒に参詣したのですが、ふもとの門のかたわらに、寺の主が札を立てていました。それには「この山に参詣する方々！　十五日までと思われているかもしれませんが、今月いっぱいは大丈夫です！」と書いてあったので「そりゃあ、坊さんたちはそういうことにしたいよな〜」と、みんなで笑いながら行き過ぎました。

果たして！　その効果が現れたのでしょう、いまでは十五日過ぎ、月末までは参詣する人があり、お寺はしっかり儲かっているのです。（龍）

長崎湾眺望図（口絵の部分）　右奥が岩屋山、手前中央は浦上新田

七高山廻り

七高山廻りということがあります。老若に関わらず、元気な人たちが集まって、一日に七カ所の山を巡ります。このうち岩屋山は「高山」とも言えますが、そのほかは言いがたいですね…。しかし、どれも山には違いないですから「高」の字を添えて、そう呼ぶのです。

七高山は、愛宕山、彦山、豊前坊、秋葉山、七面山、金比羅山、岩屋山です。（龍）

三方を山に囲まれた長崎の街では、いまもお正月を過ぎるころから「七高山めぐり」が盛んに行われています。しかし文龍さんのころには、名称も「七高山廻り」で、時季も問わず、年中楽しまれていたようです。一方、正月に岩屋山に参る行事があり、これは起源も少々あやふやなようですが、帰りには浦上川の簗場で白魚を食べるというお楽しみもあったとか。この二つが合わさって、現在に至るということのようです。

秋葉大権現近くにある江戸時代の道しるべ

長崎湾眺望図（P.127 の部分）

初午

二月初めての午の日は、あちこちの稲荷社で祭礼があります。社ごとに青、黄、赤、白の旗をひるがえし、参詣者は赤飯を炊いて供物を献じます。家屋敷に安置されているお稲荷さんも、おなじようにお祭りをします。（とはいえ長崎では、みんながみんな稲荷を信仰しているわけでもありません。）（龍）

この祭りの精霊である稲荷の神は、家屋を火災から護るのに大きな力を持つと信ぜられており、この祭りが二月の遅い日に当たれば当たるほど、稲荷の神の保護を受けることが一層確実だというのである。（M）

神社の一隅から家の敷地、ビルの屋上、現代でもあらゆるところに祀られている稲荷神には、それぞれの土地や生命力を畏れ、敬う心が託されています。慶賀さんの絵は、丸山の梅園天満宮の境内にある稲荷社とされています。そうであれば、壁の向こうは史跡料亭の「花月」です。青いのぼりには、花月の屋号である「引田屋」の文字が見えます。

老人図、稲荷大明神

初午

彦山・豊前坊

二月十五日。彦山の祭礼。長崎の町の東にあり、中国の峨眉岳に似ていることから、峨眉山という雅名もあります。以前は参詣者も多かったのですが、今はやや衰えています。

三月二十三日。彦山の隣にある豊前坊の祭礼です。八月二十三日にも祭礼があります。（龍）

彦山は、長崎人の郷愁を誘う山。小さな豊前坊を従えたシルエットが特徴的です。左頁の絵は、紙を作っている様子や水車、なにより背後に見える彦山と豊前坊から、当時の紙屋町（現在の八幡町付近）だと考えられます。

野原の雪が消えて、寒い北風に代わって和やかな南風が吹くようになると、桜や梅や桃の芽が出て、花をつける。花は筆紙に尽くしがたいほど目を喜ばせ、またその香りも楽しいものである。野原には美しい緑の絨毯が繰り広げられ、農村の楽しみに人々を招き寄せる。仲の良い友人・知己を招いて飲み食いしながら、自然のあらゆる方面に繰り広げる美しい光沢を楽しみながら、春の祭りをするのである。（M）

中島高木家庭園図

紙漉き、布晒し

雛祭り

潮干狩り

雛祭り

三月朔日。草餅の団子を菱形にしてお重に入れ、お互いに配ります。お重の蓋には桃の花を添えます。女の子のいる家では、雛人形を飾ります。

三日。初めて女の子が生まれた家では、親戚や知人が集まり、お雛様の前で酒を酌み交わし、初節句をお祝いします。この日は町中の女の子がおしゃれをして連れ立ち、雛飾りのある家を見物して廻ります。そのとき、お菓子やお酒を出して飲ませるので、酔っぱらった子どもたちが盛り上がってウロウロして、とても賑やかなのです。（龍）

この祭日には、日本国中の娘たちすべての誕生日を祝う。宴会には、すべての近親や友人が招待され、娘たちはお給仕のできる年齢に達したものは、お客の給仕をする。（M）

いまも変わらぬ…と言いたいところですが、雛見物の子どもたちが酔っぱらっていることに驚きます。メイランさんはまた、雛祭りの起源として「子のない金持ちの婦人に五〇個の卵が届いた。婦人は不気味に思って捨てたが、貧しい漁師に拾われたところ、五〇人の子どもが生まれた。一応は育てられたが、食うに食われず、とうとう物乞いの旅に出たところ、婦人の家に行き当たり、そこで五〇人の子どもたちは力を合わせて働いたので『母』はいっそう金持ちとなり、富の女神になった」という伝説を紹介しています。

脇岬観音寺の天井絵（桃　P.101 参照）

浜遊び

四日。この日もまだまだ「雛めぐり」をする女の子たちがいます。また、男女のグループで、瞽女や座頭などを引き連れて、大浦の浜辺あたりで潮干狩りをする者もいます。

大浦とは、大村領で長崎の南西にあり、詩人などは大浦を「雄浦」と書いたりします。（龍）

三月になると、また別の楽しみが始まり、町や村の人々、ことに若い人たちを小波の寄せる海岸に誘う。潮がいちばん引く時なので、海岸では多くの貝が育ち、人々はそれを漁って、あたかも祭りのような賑わいとなる。何百という子どもたちが潮干狩りの楽しみを求めて海に行き、遊楽を好む若人たちは男も女も一緒に、このお祭り騒ぎに見られる小さな悪戯や冗談――中でもカゴをひっくり返したり海水をまき散らしたりするのが最も多いが――に耽って心から楽しむのである。（M）

春の大潮の時期は「浜下り」のころでもあります。単なる潮干狩りではなく、海や浜の力をいただきつつ、男女の楽しみもあった模様。慶賀さんの絵では、二人の女性が渚に現れた「男」と戯れていますが、この構図は、在原業平と松風・村雨による恋物語の風景を思わせます。

そんな浜遊びのスポットだった「大浦」は、幕末の開国後は埋め立てられ、洋館の建ち並ぶ外国人居留地へと変貌しました。

潮干狩り（P.49 の部分）

漁師と猟師

くらしの風景《村のなりわい》

慶賀さんの絵には、日本人の生業や産業を記録するために描いたものも数多くあります。

多彩な「なりわい」の風景は、より自然に近い人間の営みを伝えてくれます。

潮汲み、製塩

地引網漁

川魚捕り

魚の加工（鰹節作り）

かえる捕り

山菜（きのこ）採り

鷹狩り　Ⓝ

鵜遣い、鵜飼

窯元

石灰作り

百姓の妻

葛作り

布晒し図 Ⓝ

素麺作り

養蚕図（次頁の部分）

左頁の絵は、子どもたちが長崎のハタで遊んでいることから、長崎近郊の風景でしょうか。左手奥の山が、現在の時津・長与方面から見る岩屋山によく似ていますし、この地域では養蚕をされていたお宅が多かったとのことですから、そのあたりかもしれません。画面中央と右下付近の小さなかまくらのようなものは蜂の巣箱のようです。たくさんの蜂が飛んでいます。

茶摘

養蚕図

漁師

ハタ揚げ〜夏越の祓

神社参詣

花見

ハタ揚げ

ハタ揚げ

二月より四月八日までは、子どもたちは町のあちこちでイカを揚げて楽しみます（方言ではハタと呼びます）。天気の良い日は金比羅山、風頭、茶臼岳というようなところへ、弁当を持ってでかけて、イカを揚げるのです。

また俗に「つるわかし」ということをします。ガラスの粉をとても細かくくだいて糊に混ぜ、これを糸（ヨマ）になすり付けて日に乾かした「ビードロヨマ」で、イカを揚げるのです。対戦相手と町をへだて、谷を挟み、風に乗せてお互いに掛け合うのですが、上手い下手があります。雲の中でヨマとヨマがこすれあい、先に切れてしまったほうが負けです。ハタ揚げは、子どもだけでなく、大人もまた暇さえあれば勝負を楽しみます。

本来なら、ハタ揚げは子どもの遊びであって、大人が楽しむべきことではないでしょう。しかし我が長崎の人々は、その多くが家の仕事を放りだして、この遊びにどっぷり熱中するのが常なのです。というわけで、元々は遊びだというのに本気で喧嘩してけがをしたり、田畑を踏み荒らして争いが起こるなどして、奉行所沙汰になることもあります。これはよそではないでしょうが、我が長崎では昔からのことで、春になれば（ハタに）お金を使い果たす人も少なくないのです。「マニア」になれば、ハタ屋さんに帳面を作っておいて、金に糸目を付けず勝負するのですが、ひどい人だと一日に一貫文、二貫文にも上るので、長崎中の「無駄金」を数えたら、いったい幾らになるのでしょうね。やれやれ。（龍）

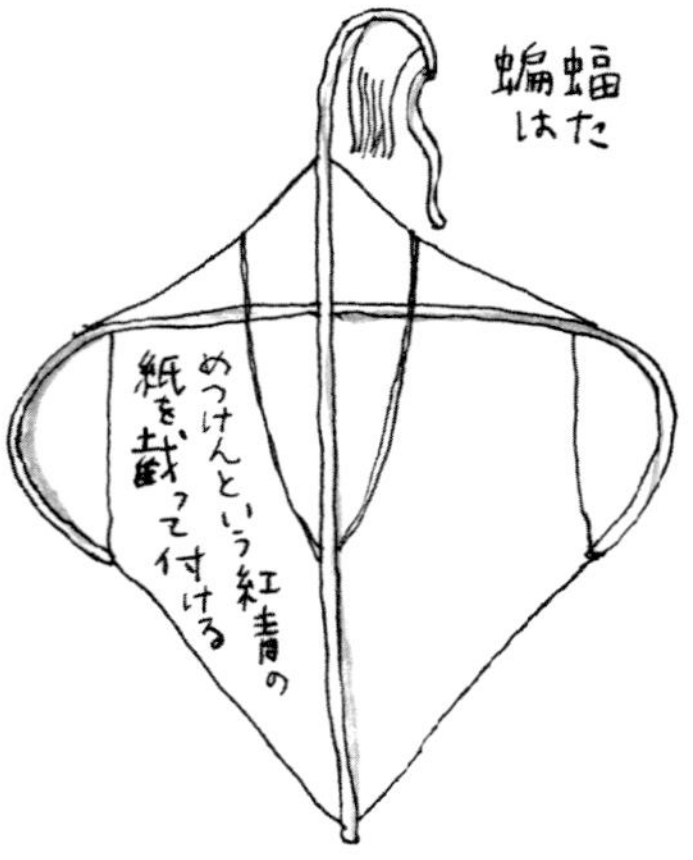

(文)

出島ハタ揚げ 『長崎名勝図絵』 Ⓝ

三月十日。金比羅山祭礼。参詣の老若男女が連れ立って大勢集まります。ふもとの広っぱには、それぞれが毛氈を敷き並べ、弁当を持ってきては、大人も子どももハタ合戦です。町のハタ屋もやってきて店を出し、ビードロヨマやハタを売っているので、身分の上下も関係なく勝負しては、お金を使います。まぁ、この土地の欠点ではありますな。（龍）

紙鳶揚げはオランダで我々がやるのと大差はない。ただ日本では堂々たる壮年の男子が紙鳶を揚げて楽しむのと、大口の掛けをする点が相違するだけである。幾千の紙鳶が空高く集まり、その紙鳶を彩る色とりどりの色彩は、実に見る人の目を楽しませるものである。（M）

長崎の春はハタ揚げです。淡々としている文龍さんが、ハタの項はやたらと詳しいのは、自分自身が熱中していたからなのでしょうか。切られたハタは誰がもらっても良く、六一頁の絵の屋根の上には「やだもん」という専用の「とりもち付き回収棒」を持った人が待ち構えています。

隔絶されていたはずの出島ともつながることができましたし、金比羅山の光景は、昔も今もまったくおなじ。ハタは、時空を超えて飛んでいます。

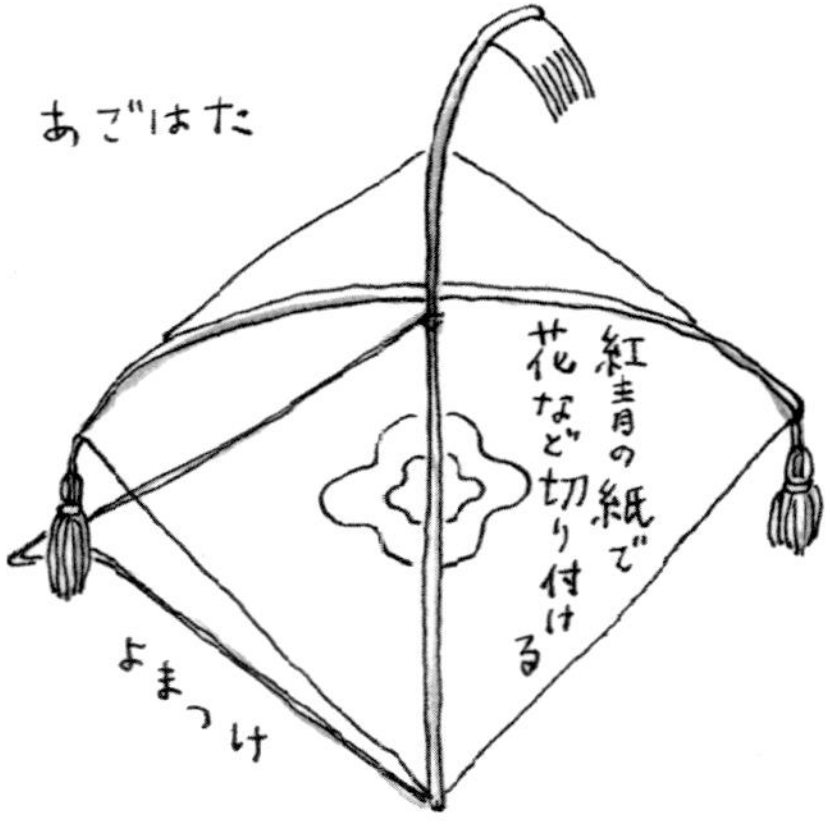

㊖

金比羅山のハタ揚げ

花祭り

陸ペーロン

花祭り

七日ごろからは、家々で竿竹にツツジの花を結んで押し立て、釈尊への手向けとします。

この日は浦上村やそのほか近在の花売りたちが、束ねたツツジを売り歩きます。（※六四頁の絵の奥に何本も立つ『天道花』にする）

八日。お寺では「灌仏会」。釈迦水といって、お堂の前に足の高い机を置き、その上に小さな盥か錫の鉢を置いて、小さな釈迦の像を立て、お茶を張っておきます。僧徒たちが花を摘んで屋根を葺くので、一名を花水とも言います。町の子どもたちは、みんな早起きしてこれを汲みに行きます。汲むのは「釈迦水田子（たご、たんご）」という、大きな竹で田子と柄杓（ひしゃく）を作ったもの。子どもたちは、これを何十杯も飲んでしまうのです。

また、紙を短冊に切り、この水を硯に入れてすった墨で「卯月八日は吉日に髪長虫を成敗ぞする」などという歌を書き付け、裏の戸口や水瓶やお風呂や便所の柱などに逆さまに貼り付けておくと、虫除けのまじないになります。最初の五文字を「ちはやぶる」としたり、「卯月」を「四月」と書いたりもします。はたまた、ナズナの花に、この水を注いで行灯に吊るしておくこともあって、これは行灯の小蝿よけのおまじないです。どれもこれも、昔からの言い伝えなのですが、いまだにやっている家が多いのです。（龍）

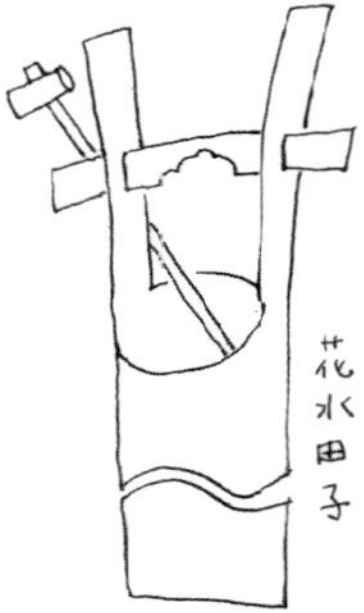

㊫

ヤセヲンナ、大原女
（『八瀬女』と思われる）

陸《おか》ペーロン

市中の男児たちは、端午の競渡船「ぱいろん」の真似をして、町を廻ります。竹に船のみよしをこしらえ付け、これを船として、子どもたちは顔に赤土を塗り、髪にはたとう紙をはさみ、雀笠を着て、竹の左右に付いて「せろ〜、せろ〜わたへ（『競争しよう〜』の意）」と、みんなで声を合わせます。茜色の木綿ののぼりや、あるいは青黄赤白の紙ののぼり、また剣旗に「何町子供中」と書いたものを押し立て、太鼓、小銅鑼を鳴らして、あちこちの町をお互いに廻ります。ほかの町の子どもたちがこれを見つけると、みんな集まってきてこれを迎えて、お互いにのぼりを出し合い、おなじくらいの年齢同士の子どもが双方から一人ずつ出て、かけっこするのです。走りに勝ったほうは、負けたほうののぼりを奪い取るのですが、もし渡さないとなると、子どもたちは折り重なってこれを破ります。

こんなふうなので、子どもたちの口論はしょっちゅう。年によっては町の役人たちから固く禁止されることもあります。子どもたちが声を揃えて呼び回るかけ声の中には、とても下品なものがあり、それを家で聞いていた大人たちが大汗かくこともあるのですが、これは昔より口伝えによるものですし、どういう言葉であるかは、ここにはちょっと、書けません。（龍）

「セーラエン」とも呼ばれる行事です。「長崎ぶらぶら節」の一節「大井手町の橋の上で　子どものはた喧嘩　世話町が五六町ばかりも　二三日ぶらぶら　ぶらりぶらりと　いうたもんだいちゅう」は、子どもの行事に大人も右往左往している様子が歌われています。

端午

端午

端午

五月朔日。市中では端午の用意として、家々の軒には菖にヨモギを取り添えて葺き並べ、布ののぼりを立てます。上に家紋を染め出し、下には雲竜や鶴亀や宝尽し、鳴門の模様などをつけます。通常、男の子一人ごとに一対揃えます。その下には、甲冑や鳥毛鎗や長刀や台笠、たて笠、青龍刀などの造りものを立て並べます。お金持ちは物好きというかなんというか、五百枚、千枚の紙ののぼりを作って、源平の武者や鍾馗、関羽などの勇猛な人物を描いて、のぼりのそばに添えたりもします。貧しい家の人は、布など使えないので、二〜三十枚の紙ののぼりを立てます。吹き流しや鯉の風車を作って、竹竿に結びつけたりもします。のぼりの下には、鈴が付けられているので、風が吹くたびに勇ましく音が鳴るのです。四日の間は、家々で小さなちまきを作ります。ちまきは菖のもの、竹の皮のもの、唐あくちまきなどがあります。

丸山、寄合町の遊女たちは、小さなちまきを作って、絖（※ヌメ…薄い絹の布）または繻子などの袋に入れ、それぞれの客に贈ります。遊び人たちにとっては、これをもらうことが名誉であり、その喜びようは大変なものです。さらにはこれを懐中に持っていれば、運気が強くなるとまで言い伝えられています。（龍）

鍾馗と化物図

六八頁の絵では鍾馗ののぼりが、唐船の旗の揚げ方に由来するという「長崎式」で掲げられています。それにしても、ひしめき合って立つのぼり。鈴の音もさぞ鳴り響いていたことでしょう。また、子どもの祭りのはずなのに、遊女がちまきを配っていたのは、どういう理由なのでしょうか。

㊫

ペーロン

五日。港の沖で競渡船があります。俗に「ぱいろん」と呼びます。「ぱいろん」は「競龍」という意味の中国語です。船の多くは海のそばの町、また、近郊の浦々から出ます。選ばれた男たちが、多くは裸で乗り組み、波を飛ぶように勢いよく競うのは、この海ならではの希有な眺めです。

以前は港から材木町の橋の下あたりまで漕ぎ入れたものですが、最近では華美であり浪費だということで、奉行所より禁じられています。現在では、漁祭りということにして、長崎の町中より一里ほど沖の肥前領の神の島、小ヶ倉のあたりで催されます。市中、浦々からは、老いも若きも船を浮かべて見物する人がたくさんで、親しい人の競渡船には酒樽などを贈ります。

六日は「六日の菖蒲」と言って、菖蒲湯を煎じて入ります。「菖蒲」は「勝負」ということで、六日にも競渡船の勝負をします。

以前は、男の子がいる家では、五日六日の夜まで様々な飾り物を見せる家があって見物の群衆ができたものですが、いまではみな質素を守っているので、そんなことも稀になってしまい、寂しいものです。（龍）

ペーロンは、王に諌言して受け入れられず入水した中国の詩人・屈原を弔うために始まったという説もあります。沖縄の「ハーリー」や、台湾、香港の「ドラゴンボートレース」など、アジア各地には、海でつながる多くの「龍船兄弟」がいます。

水祖神祭礼

水汲み

代かき

水田灌漑図、田へ水揚げ

田植え

水祖神祭礼

五月の初めより下旬ごろまで、家々では川祭りとして「八大龍王」ののぼりを上げ、井戸に鏡餅などのお供えをし、神主や導師、盲僧などに祈りを捧げてもらいます。祭りが終わったら、のぼりやお供えは海に流します。祭りの間、井戸の水を汲むことはありません。

町ごとの川祭りもあります。さほど裕福でない家同士でお金を集めて、木綿の大きなのぼりを作って町の四つ角に立て、銅鑼を鳴らします。のぼりの上には、ムカデやらそのほか様々な造りものが飾られていて、子どもたちは紙の小さなのぼりに、神様の名前と自分の名前を書いたものを持ってきて、この下に並べます。そばには水神棚を作っておいて供物を上げ、神主や導師に拝んでもらいます。お金を出した家には、祭りが終わると、鏡餅を小さく切ったものと甘酒が配られます。（龍）

井戸掃除のために特にひと月を取っておくことも、日本だけに見られるところであるが、わがオランダでも一般に五月は家の大掃除に、十一月は屠殺のために取ってあることを思えば、この珍しい習慣も、他国で例のないことでもないということに気付くだろう。（M）

長崎では町ごとに多くの井戸が掘られ、それは「井川」と呼ばれていました。「川祭り」の「川」は「井戸」の意です。いまでも町のあちこちに、ひっそりと守られている井戸や水神さまがあります。

洗濯女

井戸替え

稲作

近郊では田植えがあります。田んぼに出て苗を植えている人が、通りすがりの人を見つけたら、泥を投げつけてご祝儀にします。投げられたほうも怒ることなく走って逃げ、笑って済ませます。(龍)

四月に入ると、勤勉な百姓たちは実りの多い種子を蒔く準備をするために畑に出る。それは激しく荒い労働だ。しかし長い冬の間立派な厩舎に飼われていた牛が全力を挙げて鋤を引っぱり、百姓の隆々たる腕に操られて土を深く掘っていく。また百姓も豊作を予想して、骨身を惜しまず働くのである。

五月に入ると、百姓は仕事をしばらく休み、耕した田に稚い苗を植える仕事を、今度は婦人の手にゆだねる。この苗から数ヶ月経つと豊かな稲の収穫が現れる。他国とおなじくこの国でも、婦人たちはこの仕事の間、いつも日焼けを防ぎ、美しさを保つために、幅の広い頭巾で頭を被うのである。

六月に入ると、百姓たちは再び野良に出る。土地に湿りを与えるために水を注ぎ、穀物の生長を促進するのに絶えず忙しい。(M)

「シティボーイ」の文龍さんには、田植えや畑仕事は他人事だったようですが、日本研究の任もあったメイランさんは、稲作だけでなく、農業全般について記録しています(女性たちのUVケアも!-)。

農家の軒先、農家の使用人

団扇屋（「祇園土産」の字が見える。軒下の板は長崎の家屋に多く見られる「尾《お》垂《だ》れ」）

諏訪社頭図（夏越団子が売られている） Ⓝ

祇園会

六月一日。祇園入り。古式を守る家では、早朝からそれぞれに上下を着て、子どもたちを引き連れて祇園社にお参りします。出来鍛冶屋町から新石灰町への入り口は「祇園の道筋」といって、この日から町の左右に榊を立てて〆を張ります。

十二、十三日よりは「祇園の道筋」の家々に出店ができて、造り花、ガラスの器、うちわなど、そのほか様々のお面や小間物などが売られます。ただし、うちわは「肥前蓮の池」のものが名産ですので、売る人たちはみんな、店先で「蓮の池のうちわですよ〜」と言うのです。

十五日。祇園社に参詣する老若男女が、肩やかかとがぶつかりあうほど大勢集まります。夜がふけるにつれ、旅人や遊び人たちが遊女を連れて浮かれ出て、いろんな小間物やみやげの品々を、女郎や「やり手」や禿たちが欲しがるままに買ったりして、すこぶるご機嫌に振る舞います。あるいは見せ物や芝居小屋などが出て、太鼓の音も賑やかです。

また「祇園見たし」ということがあり、この月の初めごろから、十五日の前後に至るまで、麺類を煮て酒など飲み、友だちと打ち寄って騒ぐこともあります。（龍）

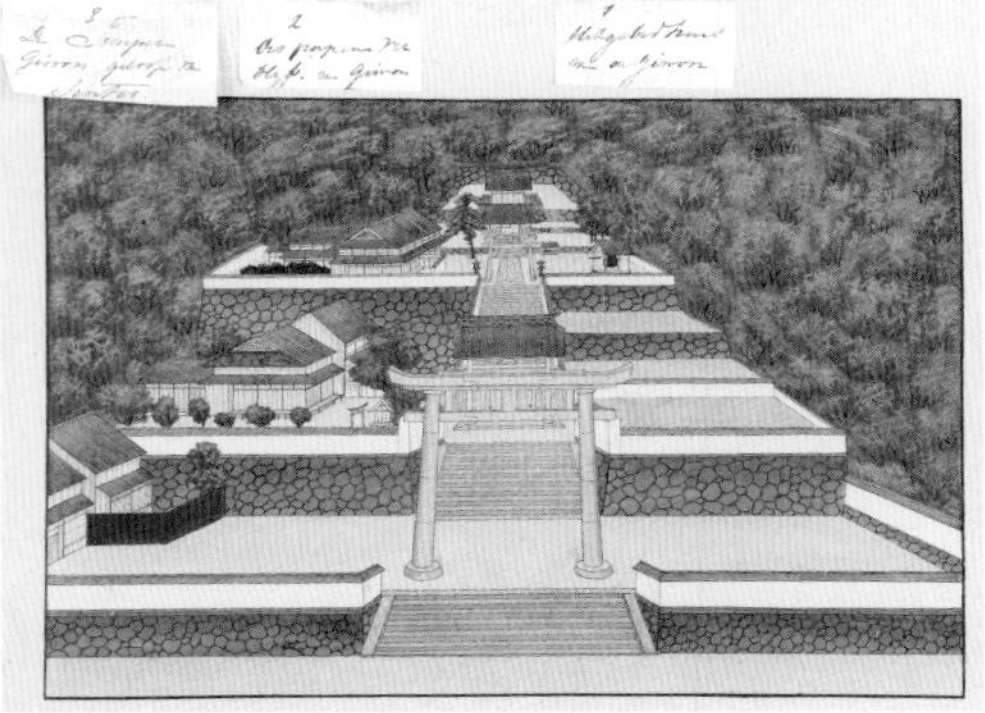

祇園社

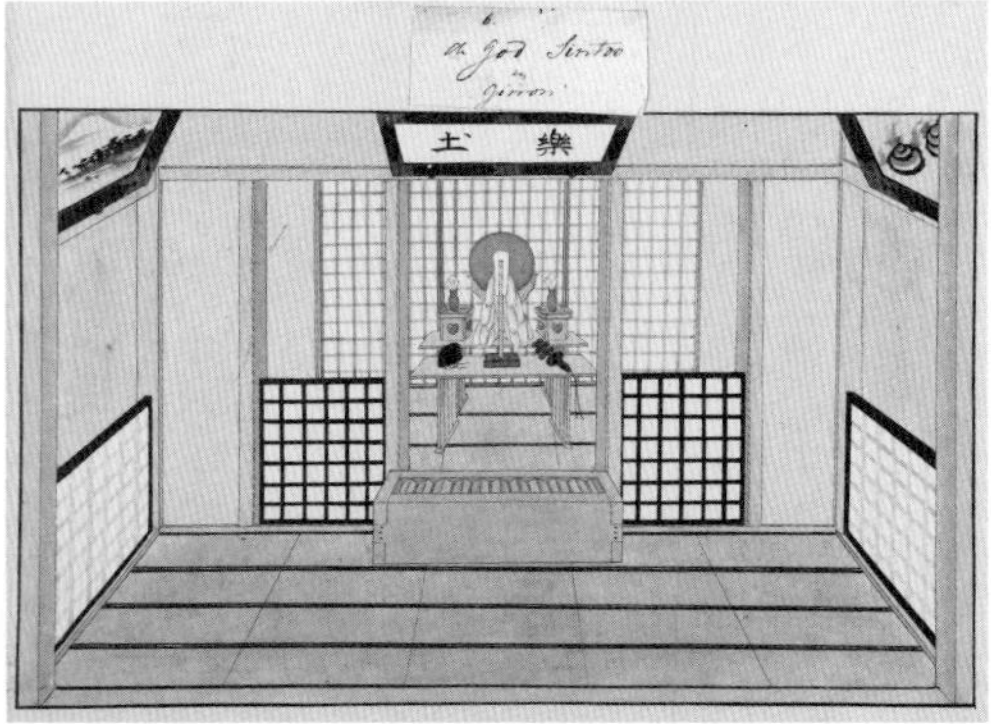

祇園社の神棚

清水寺・愛宕山

十七、十八日両日までは、お隣の清水寺より、祇園会の日程を延ばすように奉行所に願い出るのが通例になっています。この両日は毎月清水寺の観音の縁日で、特に女の人は二日ともお参りしたりするので、祇園社もこれにあやかっていたからです。日延べが許されているあいだ、境内は賑わい、見せ物や追出芝居などもあります

二十四日。愛宕山の祭礼。愛宕山は雅名を「文筆峰」ともいいます。以前は唐通事の官梅某氏の寄進で、この山の裏道に土俵を造り、市中や近在の人たちが集まって相撲の興行をしていたので、見物人が大勢ありました。最近では無くなってしまって、祭りもやや衰えました。（龍）

火除けの効があるとされる愛宕山のふもとには、祇園さんの八坂神社、清水寺、唐寺の崇福寺などが集まっています。夜に光を発したという瑞光石や、光る玉を戴いたムカデ、怪力の男が投げたという巨石の伝説などがあり、古くから力のある土地と見なされてきたようです。

長崎湾眺望図（P.127 の部分）　中央上が愛宕山

人魚（作者不詳・参考）

祇園の神の祭りは、六月七日から十七日まで十日間続く。ちょうどわがオランダで、仮小屋が建って、ありとあらゆる種類の商品が売り出され、また天幕が建って、芝居や見せ物が行われる定期市のようなものである。（M）

見せ物に出ていたという「人魚のミイラ」は、猿や鮭をつなぎあわせた精巧な作り物です。シーボルトのコレクションには、絵だけでなく「実物」もあります。

女形役者

相撲取り

夏越の祓・虫追い

六月二十九日と晦日の両日には「夏越の祓」といって、諏訪社で神事があります。参詣した老若男女は、三つの茅の輪をくぐります。これで疫病を逃れ、長寿に恵まれるといい、またある説では、夏を越えて秋に至るにあたり、「火剋金（※陰陽五行に基づく考え方）」を免れるとも言います。

この日、上下の回廊には、様々な流派の生け花が飾られ、見物人で賑わいます。年によっては見せ物や芝居もありますし、門前から坂の下では「お祓い団子」という串団子や、榊の枝に赤白黄の小さい団子を刺したものが売ってあって、おばあさんや子どもたちは、みんなこれをおみやげに買うのです。

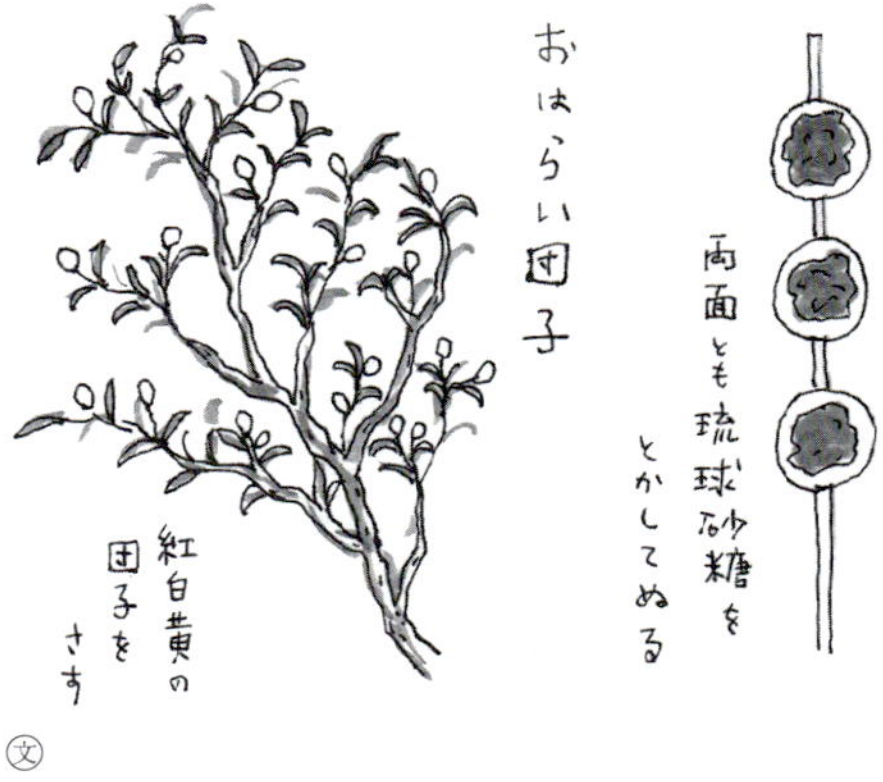

この月のうちに「虫追い」があります。七ヶ村（※野田、高浜、川原、樺島、茂木、日見、古賀）内の百姓たちは、鐘や太鼓を打ち鳴らし、田んぼを廻ります。先頭には藁人形を作り、山伏の貝を吹きながら、鉄砲を打ち放つのです。庄屋が先に立ち、ひととおり廻り終わったら、藁人形を斬り捨てます。藁人形は、田にある「実盛虫」を表したもので、イナゴのこと。その風体から鎧武者に見立てられていて、さらには斉藤実盛が虫に化けたものと言われているのです。ま、作り話でしょうけど、雨の夜の話のタネにはなるでしょう。（龍）

一年の半分が過ぎようとしています。人も村も罪穢れを祓い、盆祭りの七月を迎えます。

現在、茅の輪はひとつ（諏訪神社にて）

べっ甲細工屋、櫛屋

くらしの風景　《町のなりわい》

江戸時代の日本では、様々な手工業が発達しました。それは貿易にとっても大変重要でしたので、長崎の町には、鍛冶屋町、船大工町、磨屋町…いくつもの職人町がありました。

眼鏡屋、硝子細工屋

竹細工屋

鋏屋

窯元

船大工

大工の仕事

紙漉き、紙屋

棟上、大工の仕事

織屋

曲物屋

看板屋

漆屋、塗師

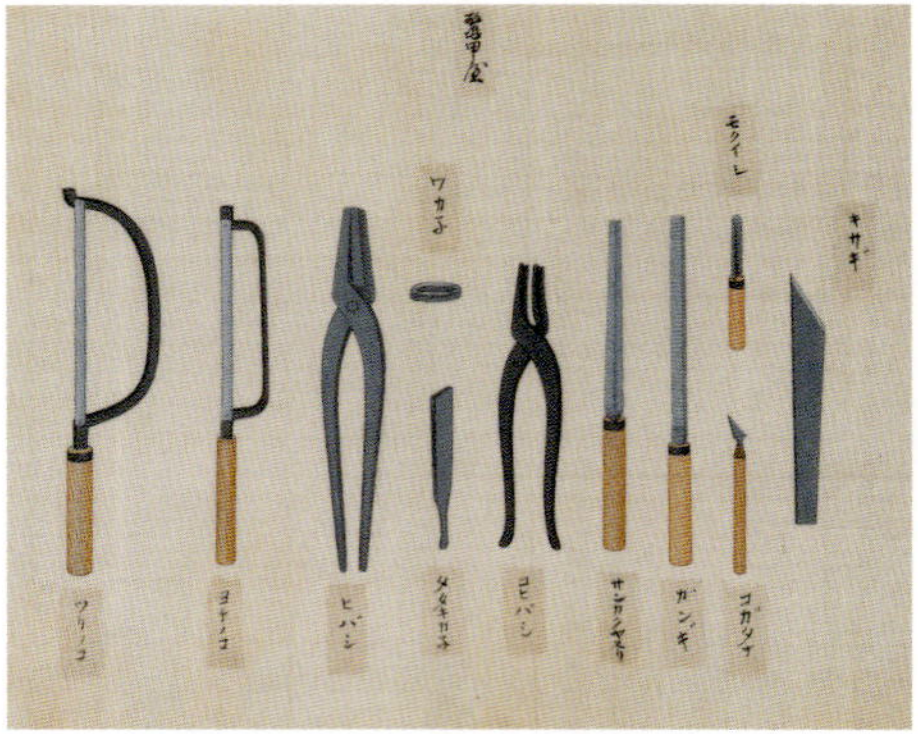

べっ甲屋の道具（部分）

七夕～菊見

夏涼み、海水浴

七夕

七月六日は「七夕の待夜《たいや》」。青黄赤白の短冊や色紙に詩歌を書きつけ、女の子は紙で着物を作ったりして竹竿に結びつけます。夜になれば、机に鏡餅、そうめん、スイカなどをお供えして、火を灯し、乞巧奠《きっこうでん》とします。貧しい人たちはしません。習い事の師範などの家では、この夜に卓袱料理、酒の肴などを整えておいて生徒たちを迎え、琴や三味線を鳴らしては大いに賑わい、子どもたちは七夕踊りを踊ります。

七日。前夜ごちそうになった先生の家に行って、お礼を述べ、手みやげを渡します。文人墨客たちが寄り合い、詩歌や俳句の会を催すこともあります。

（龍）

枝や葉をつけたままの竹の幹を地面に立て、日本で最も普通の飲料であるところの酒の力で興を催した人々の口から流れ出る詩歌が、赤や緑や青や黄や紫などいろいろの色紙に書かれ、竹の枝に結びつけられる。（M）

当時の七夕は、漠然としたお願いごとではなく、習い事や芸事の上達を祈る「乞巧奠」の要素が強かったようで、寺子屋でも「待夜」が開かれました。左頁は寺小屋の「新入生」入門の様子です。男女別の部屋に別れて学んでいるのもわかります。

また、旧暦ですので、現在のように雨にやきもきすることも、さほどなかったのではないでしょうか。そのかわり、七夕が終わればすぐにお盆がやってきます。

宴会図

寺子屋の図

供琴、七夕

七夕

お盆

七月一日の夜には、家の裏手などの軒に先祖の精霊の迎火灯籠を掲げます。十一日から十二日にかけては、墓掃除をし、灯籠掛けを造り、花筒、線香立ての竹などを墓の前に立てておきます。

十三日は、家々の座敷に壇を設け、その上に菰の編んだものを敷き、仏間の位牌を移して並べます。これを精霊飾りと言います。暮れごろより家紋を付けた灯籠を門に掲げます。これは門灯籠です。霊前にはこの夜、必ず団子や煮しめなどを作って供えます。「先祖の精霊が夜中にやってくる」と信じているような古風を守る家では、深夜まで戸を閉めることなく、霊を迎えるために、寝ないでいることもあります。（龍）

日本人は、寺院の近くの山の上に死者を葬るので、このお祭りの時には、二晩続けて何百何千という燈火が点ぜられ、およそ想像し得る限りの美しいイルミネーションを呈する。（M）

どの墓地でも紙の提灯を周囲に吊し、中にロウソクを燃やす。墓の前に小さな家を建て、その中に、祖先の名が彫りつけてある木製の漆を塗った板を置く。また、食べものや茶などを供えた小さなテーブルも置く。日本人は、その夜の二時に、自分たちの祖先の精霊が、供えてある食物や飲み物をごちそうになりにやってくると信じている。この行事は次の晩の二時まで続く。

十四日は、数々の料理を作って、朝夕霊前に供えます。料理にはそれぞれの家で先祖からのしきたりがあり、老婆などがいれば、とりわけ古式を変えることは

精霊流し（P.94の部分）

しません。

　午後四時頃よりみんなで墓に行き、黄昏を待って数十の灯籠を灯し、墓前にはスイカや団子や煮しめなどを供えて拝みます。地役人は、多くが麻の上下を、商家の者は平服を着てお参りします。一般庶民は墓場で酒盛りをしたり、勝負事をしたりして賑わう者がいますし、子どもたちは墓で矢火矢や花火を上げて楽しみとします。長崎はぐるりと山に囲まれ、そこに寺が連なっており、多くの墓がそれぞれにたくさんの灯籠を上げている光景は、この地ならではの珍しい眺めで、ほかの土地にはありませんから、これを初めて見る旅人はとても驚きます。

　午後七時半も過ぎれば、灯籠の火も次第に消えて、人々はみな山を下りて家に帰ります。

　また、市中には「廻り灯籠」というものがあります。灯籠を作ってその中に火を灯し、いろいろな人形や蛇の形などを作ってこれを置いておくと、油煙の湯気がこれを回すので、からくりのようでもあり、みんなこれを見て喜ぶのです。（龍）

いまも長崎のお盆は楽しく賑やか

おつまみも持ち寄って

次々に点火。小さな石碑は中国由来の土神さま

精霊流し

精霊流し

「棚経」ということがあります。菩提寺のお坊さんはもちろん、どこからやってきたとも分からない僧が、いきなり上がり込んでお経を上げます。そのときは小銭を包んで与えます。

「法界のめし」は、精霊の壇の脇に無縁仏を祀り、いろいろなものを供えるのですが、これを食べる人はいません。非人や乞食たちが、暮れごろより小さな「田子」や篭を下げて「法界の飯くだされ」と呼んで廻ります。十五日の夜まで、このようなことがあります。

十五日には、旦那寺へお布施を包んだり、医者や手習いの先生などへのお礼、または親類などと互いに刺し鯖（※背開きにした塩鯖を二尾重ねたもの）やそうめんなどを贈りあいます。古いしきたりを守る家では、蓮の葉に乗せたごはんに刺し鯖を添えます。初盆の家には、縁者より白い灯籠やロウソク、線香、菓子などを贈り、これを「若聖霊」と呼んで志を述べます。

十五日から翌日の明け方まで、商人たちは四方へ奔走して取引をするのですが、それは大晦日の夜のようです。長崎では昔から、七月と十二月の二回に、商売の清算をするのがならわしなのです。（龍）

物乞い

九五頁の絵の左端に、精霊船を担ぐでもなく、かといって、単なる見物人でもないような二人がいます。一四五、一四七頁の絵と合わせて見ると、どうやら彼らは「掛取り」だと思われます。（大晦日の項を参照）

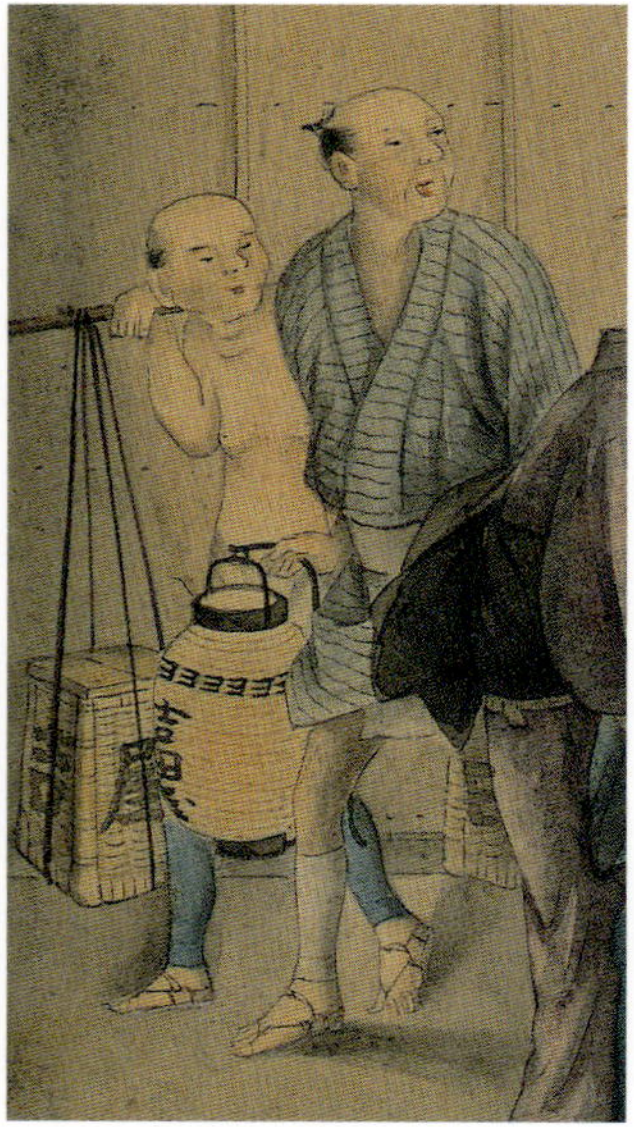

精霊流し（P.95の部分）

精霊流し

　この夜は古くより、午前一時ごろから、精霊流しがあります。竹をたわめて船を造り、その上を藁の「こも」で包んで帆柱を立て、紙を貼って帆にします。帆には「極楽丸」や「西方丸」「弘誓丸」、あるいは六文字の御名（※南無阿弥陀仏）、また、七字の題目（※南無妙法蓮華経）を書き、その時間になれば、みんな取り降ろし、船に積んで海に流すのです。船にはいろいろな灯籠を灯して、たくさんの線香を立てます。さほど大きくない家や、裕福でないものは、隣近所や町内合同の大きな船（※もやい船）を竹と藁で作り、家から持参した灯籠をトモや帆柱などに掲げ、双盤や鉦を叩き、念仏を唱えながら送ります。

　流し場は、多くが江戸町の波止場（大波止）や肥前屋敷のあたり（大黒町の佐賀屋敷があるところ）で、見物の男女、子どもらが、肩をすり寄せあうくらい集まります。以前は、いよいよ船を送り出すという時、下々の者たちが三味線や太鼓などで囃し立てたり、芸をしたりして賑やかしたこともありましたが、いまは、そのようなことはほとんどしません。

　初盆の家では「若精霊」といって、この夜はとりわけ名残を惜しみ、多くは午前二時を過ぎて流すので、朝の五時ごろまでかかります。（龍）

　二時になると、紙の帆と紙の綱を備えた藁製の船が造られ、その中に食物と飲物を入れた家と、時には若干のお金も載せる。現れた精霊がこれについでやってくる。藁船は大騒ぎして海に運ばれ、人々はそこで船を海に放つ。こうして天から降ってきた精霊は、海を渡って永遠の幸福の住処へ帰るのである。（M）

精霊流し（P.95の部分）
旧七月十五日なので満月が浮かぶ

古老が言われるには、昔は精霊を流すのに船を造ることもなく、ただ単に供物などを「こも」に包んで海に流すだけでした。その後、儒者としても知られた唐通事の盧草拙さんが、ある年、藁で小舟を作って供物を乗せて流したところ、これを見た人々が真似しはじめて、どんな身分の人でも船を作ることが、長崎の風習となったそうです。（龍）

今も賑やかに行われる長崎の精霊流しの始まりについては、他にもいくつかの説がありますが、そのひとつが「彩舟流し」。航海や長崎滞在中に亡くなった唐人さんを送る風習です。通常は「小流し」といって、唐人屋敷内で死者一人一人の小さな船を燃やして送るのですが、数十年に一度、船長以下あらゆる役割の人が「船一隻分」集まった時点で行う「大流し」では、調度品までも精巧な唐船を造り、長崎港外まで運んで燃やしました。左頁の図は、その「大流し」の様子です。

また「精霊流し」は盛んですが、文龍さんの歳時記に「盆踊り」の記述はありません。左の絵は、長崎市中の人たちなのでしょうか、どうでしょうか。

盆踊り

現在の精霊流し

唐蘭館絵巻　唐館図　彩舟流図　Ⓝ

野母焼酎踊り

野母《のも》村では昔から伝わる「焼酎踊り」ということがあります。たくさんの浦人たちが浜辺に揃い、それぞれ大きな椀に焼酎を盛り、それを飲み干したあと、船で港の口に行き、鰹を釣る真似をするのです。稚児舞や泥打ち、あるいは大名行列も出るので、大勢の見物客がいます。

山の権現やそのほかの寺、家の座敷では踊りをします。踊りのあいだに太鼓を叩くのですが、その数は決まっていて、一子相伝です。もし数を間違えると、作物の出来や漁を左右すると言い伝えられているので、これを伝える家の者でないと打つことはできないというのです。

以上が済むと、一斗入りの酒樽を船に乗せて港の口に行き、海底に沈めます。年によってすみやかに沈む時もあれば、なかなか沈まない時もあって、これは龍神さまが受け取っているかどうかの占いとなります。（龍）

長崎半島の南端にある野母・脇岬地区は、古くより風待ちの港として知られました。「野母」という地名について、「熊『野』の漁師夫婦がやってきて、その『母』だけが残った」、あるいは、唐船に祀られている「のうま＝媽祖」に由来するという説があることからも、海の要衝だったことがうかがえます。

航海の女神・媽祖（唐人屋敷天后堂）

脇岬地区。右奥に野母地区がある

脇岬観音寺と天井絵

脇岬には、僧行基が和銅二（七〇九）年に開いたという観音寺があります。平安時代の作という千手観音は、江戸時代、長崎の唐人屋敷そばの十人町を起点に、参詣のための「みさき道」が通っていたほどでした。お寺には、長崎の町人だけでなく、遊女や唐人たちからも多くの品が寄進されています。そして、観音堂の天井絵に、慶賀さんの足跡を見ることができるのです。

公式な記録にはほとんど登場しない慶賀さんですが、文化十一（一八二八）年のシーボルト事件での「叱り」と、天保十三（一八四二）年、オランダ商館員に注文された長崎港図に、警備の船の家紋を描き入れた罪による、「江戸・長崎所払い」の沙汰が、犯科帳にあります。長崎を追われていた慶賀さんが、ある時向かったのは、脇岬の観音寺。師である石崎融思が依頼された観音堂の天井絵の仕事を手がけたようで、一五〇枚のうちの五〇〜六〇枚ほど、また、観音さまの背後を飾る蓮の絵も慶賀さんの作ではないかとされています。万延元年（一八六〇）に七五歳であったとすれば（一八頁参照）、これらを描いたのは五七歳前後。五枚の絵には落款があるのですが、神仏に捧げる天井絵に個人の名を記すのは珍しいことだそうですから、よほど自信の仕上がりだったのでしょう。

若いころから出島に出入りし、一介の町絵師としては、まさに波瀾万丈、質量ともに桁外れの仕事をしてきた慶賀さん。波の音を聞きながら、のんびり、大好きな野の草花を描く。所払いも、これ幸い。飄々と人生をひとやすみしている姿が浮かぶのです。

脇岬観音寺

通常は中央に観音像が立つ（補修調査時に撮影）

天井絵（ノウゼンカズラ）

面浮立

浮立・郷くんち

八月に入って、数人の悪魔の服装をした（この際もちろん角も忘れないが）人々が、道路や街々で踊るあのおどけた踊りを見て喜ぶのは、悪魔を尊ぶのか、馬鹿にしているのか私には分からないが、踊り子の被っている仮面と衣装以外には、彼らはただ一本の棒を持ち、あるいは太鼓をひとつぶら下げて、これを叩いて非常に騒がしい音を立て、それに合わせて仲間が踊るのである。（M）

近郊で行われる浮立の様子です。メイランさんはこのあと、仮面の色がなぜ赤や緑なのかということについて、とても熱心に考察しています。オランダ商館員たちは原則として出島の外に出ることはできませんでしたが、メイランさんは商館長だったこともあってか、厳重に監視され、町の子どもにまとわりつかれながらも、時折、外の空気を吸っていたようです。この浮立もそういう機会に見かけて、強い印象を抱いたのでしょう。

いまも中尾や田結などの地区に伝わっている浮立ですが、中心部では行われていなかったからか、文龍さんの歳時記には登場しません。現在「郷《さと》くんち」と呼ばれている地域の祭礼は、いくつか採録されています。

七日、稲佐郷の弁天社祭礼。稲佐くんちとも呼ばれます。社壇の後ろに土俵を築いて相撲をし、市中の男女や遊女たちが船を浮かべて参詣します。この村の家々では濁酒を醸しておいて、お客さんを呼んでお祝いします。長崎近辺の浦々で氏神祭りのことをすべて「くんち」というのは、長崎の祭りが九月九日にあってくんちと言っているので、これに倣っているのでしょうか。（龍）

月見

八月十五日の夜を、俗に「豆名月」と言い伝え、家々ではなますを作り、琉球芋（唐芋…サツマイモ）や南京芋（里芋）、大豆を煮しめ、近所の奥さん方がお互いに持ち寄ったりして賑わいます。文人たちなどは名月の会を催したりします。

九月十三日の夜は、俗に栗名月と言って、八月とおなじようにします。（龍）

「芋名月」とも呼ばれた、中秋の月見。約一ヶ月後の九月十三日には「栗名月」もあり、花街では「両方来ないと『片見の月』」と誘われたそうです。

長崎の月の名所は、大田蜀山人が「こげん月はえっとなかばい」と詠った彦山（四六頁参照）が知られていますが、中心部からひと山越えて、島原半島や天草を望む茂木の海から昇る月もまた、ゆらめく水面に映る姿を「布引きの月」と愛されました。この絵は、まさに布引きの月が昇る茂木の風景。「月見台」の文字も見えます。慶賀さんの月見の絵は二種類。花街と郊外、それぞれの楽しみが描かれています。

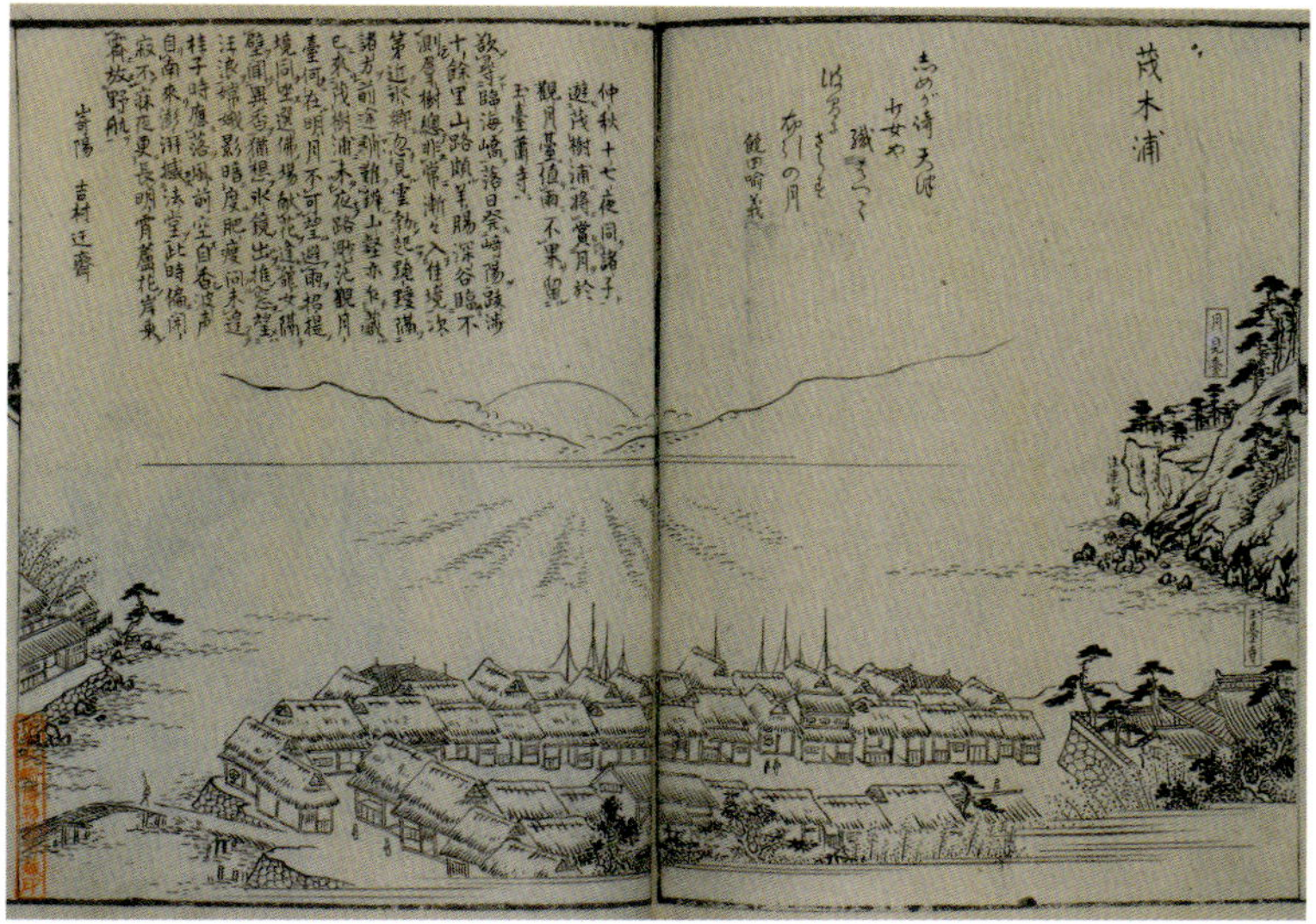

茂木浦　『長崎名勝図絵』　Ⓝ

月見

月見

菊見・庭園

九月には、日本人は菊の花の展覧会のために祝祭日を設ける。その手腕と勤勉とによって、自然の美を最高度に発揮せしむるために何物をも惜しまず、さらにまた趣味豊かな配列をし、全体をいっそう華やかにならしめた菊の栽培家は、友人・知己を驚かせて、いよいよ満足を覚える。花を愛する人々は、この月のあいだ、終始フロラの女神のもと、訪問したりされたりして過ごす。

日本人は庭園の設計も非常にすぐれている。彼らの趣味がどんなにヨーロッパ人の庭園の趣味とは異なっているとしても、われわれ外国人は、日本人がその愛好する松の木や、その他の植物の枝をたわめて、池や洞窟の上に導き、人々が散歩するのに格好な休息所を提供するような日陰を作るその技術と根気を、一種の驚きの念をもって眺めるのである。（M）

庭園図（3点とも）

菊見

魚売り

くらしの風景　《あきないとにぎわい》

国際貿易港として栄えた長崎では、必需品から嗜好品まで、多種多様な商品が売られていました。

江戸の吉原、京の島原と並び称された花街・丸山の賑わいも、なくてはならないものでした。

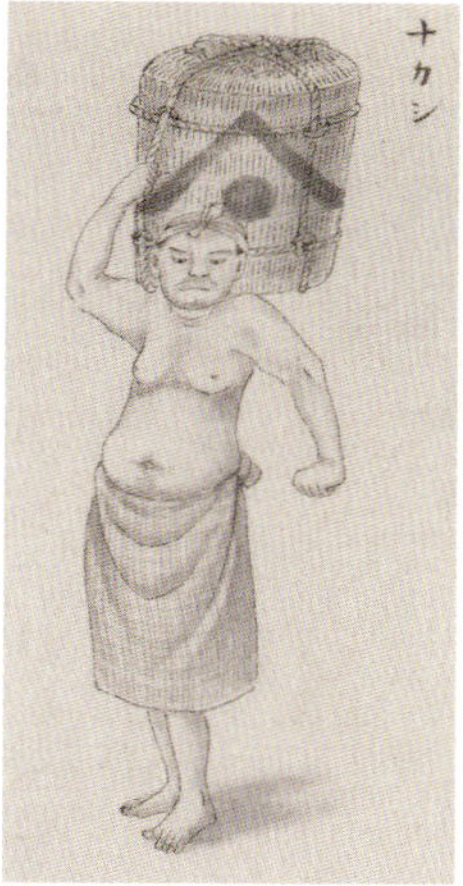

仲仕

大原女、薪売り

菓子屋

小間物行商

米屋、酒屋、豆腐屋

蝋燭屋、菓子屋、煙草屋、魚屋、蒟蒻屋、薬屋

青楼

太夫

芸者置屋の図

長崎に
丸山と云ふ所なくば
上方の金銀無事に帰宅すべし

井原西鶴

やり手

遊女

仲仕

くんち〜迎春

くんち、万屋町、くじら（鯨の潮吹き）

山
花

くんち（口絵の部分）

くんち

庭おろし

九月朔日。神事町では「庭おろし」といって、これまで小屋で稽古してきた踊りを、初めて衣装を着け、外に出してやってみます。夜は、翌日の「人数《に(い)》揃《ぞろ》い」に備え、親類縁者に案内を出したり、ごちそうを整えたり、座敷をしつらえたりして、夜の明けるのを待つのです。踊りの役者たちは、笛や太鼓を打ち鳴らし、町内を騒いで回るので、どの家もやかましくて眠れません。

人数揃い

二日。神事町では、人数揃いがあります。神事町とは、長崎の町は一一ヶ町ずつの組にわかれているのですが、七年ごとの持ち回りで九日と十一日の踊りを出して神輿のお供をする、その年の当番の町のことです。

この日、神事町では、家の前に竹を立て並べ、軒先には幕を張り、お客さんを待ちます。踊り子たちは晴れ着に身を包み、家々の前で踊ります。家では、踊りの師匠や役者たちに幾らかの「お花」を包み、子供たちには「栗柿饅頭」を包んで渡します。ただし、踊りを披露する家は「持ち家」に限られます。借家では踊りません。借家では、ただ幕を張って、お客を迎えて騒ぐだけです。これを「人数揃い」というのは、たぶん、その町の踊り子たちの人数を揃えて、振り付けや拍子を一度やってみる、リハーサルという意味なのでしょう。

踊りは今様の本踊り、風流獅子舞踊り、唐子踊り、薩摩踊り、羅漢踊り、韃靼踊り、石橋踊り、相撲踊りなど。それぞれの踊りに応じた笛、太鼓、三味線、鼓、チャンメラ、ラッパ、銅鑼で囃し立て、町の趣向を凝らします。(龍)

くんちの柿は「とんごがき」

現在は10月3日夜の「庭見せ」に
「栗柿饅頭」が飾られる

傘鉾

「傘鉾《かさぼこ》」というものがあります。羅紗やビロウドなどの高価な布を下に垂らし、その上には様々な作り物を飾ります。これが「だし」です。だしには町の名を掲げ、踊りの先に立てて目印とします。たくさんの人が垣根のように集まって見物するので、町内は大いに賑わいます。

大村町のだしは、夏越の祓の団子のような形をした金地のもの（※串抜き三ツ団子。八一頁参照）で、文字は、かつて雪山人（長崎古今随一の書家）が書いたものです。その筆跡はすばらしいので、かなり前のものではありますが、いまだにそれを使っていて捨てるなんてことはありません（※現在では見られない）。

傘鉾の図を挙げておきますが、これはいわば「型」です。年により、町により、みんな違います。（龍）

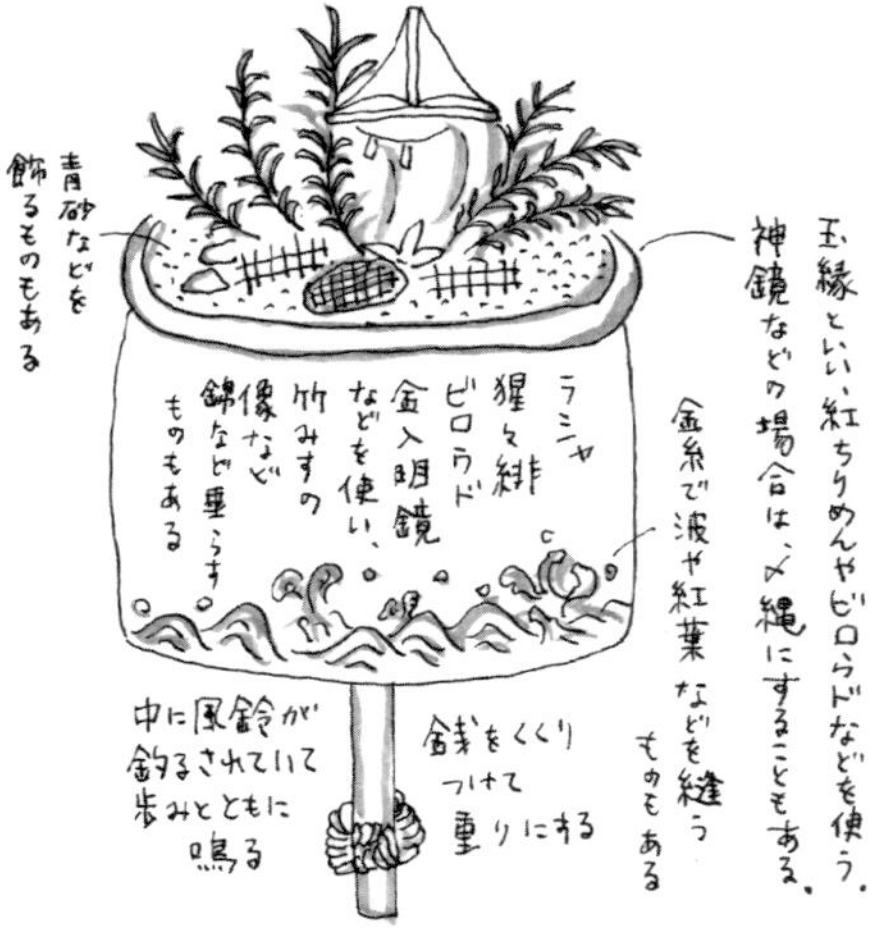

㊫

町の「プラカード」とでも言うべき傘鉾は、演し物に負けず劣らず贅と工夫を凝らしたものです。くんちが始まった当初は、垂れも短く、シンプルで軽いものでしたが、時代が下るに連れて、大きく、重く、豪華になりました。写真は長崎刺繍の「魚尽くし」の垂れで有名な、万屋町の傘鉾。慶賀さんの絵には、一八二七年作という垂れ（二〇〇六年まで使用）が見えませんから、それ以前に描かれたのでしょう。ただし、組み鰹と角樽を配した、おなじ飾りは見えます。

くんち（P.119の部分）

万屋町の傘鉾（2013年撮影）
10年以上かけて新調された
「魚尽くし」の垂れ

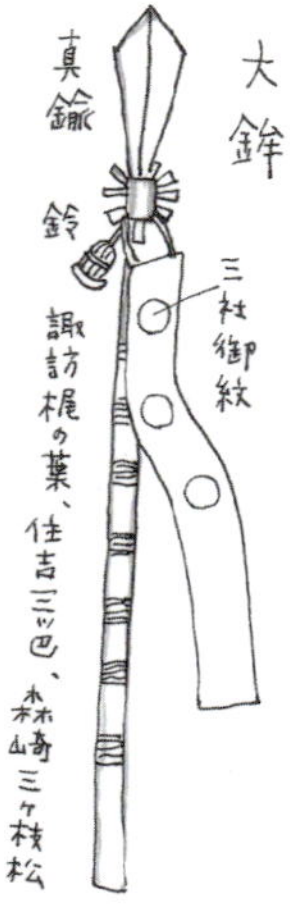

(文)

奉納

九日。神事町では、踊り子たちが夜明け前から出発し、そのあとに、町の乙名や組頭などの町の人たちが行列で従います。この日はまず諏訪社を第一番に踊るので、社の下あるいは炉粕町あたりで夜明けを待つのです。

諏訪の長坂（二の鳥居の上の矢五郎門の下の坂）には、長崎の町の人や、遠方から訪れた老若男女の見物客が、午前四時くらいから集まっていて、いざ踊りが始まると、誉めたりけなしたりの声が、地面を揺らすほど響きます。

踊りの最初に両遊女町が出るのは、古老によれば、昔この地の邪宗の徒が滅ぼされて諏訪社の祭礼が始まる際、初めて踊りを献じたからです。

諏訪社には、奉行の名代以下、役人、神職、乙名たちそれぞれに踊り見物の桟敷が用意されていますが、近所の者たちは私設の桟敷を設けて旅人を待ち構え、年寄りや子供らが小銭稼ぎをしています。

神輿渡御

諏訪神社での奉納踊りが終われば、諏訪、住吉、森崎三社の神輿が、大波止の御旅所まで下られます。

「お下り」の通りに面した町では、竹を立て並べ、幕を張ります。そうでない町でも、栗柿饅頭を台に盛っておきます。お下りや踊りを見物する人も大勢出ています。（龍）

諏訪社

くんち（p.119の部分）祭りに喧嘩は付きもの？

くんち、樺島町、コッコデショ

お旅所には唐人用の桟敷があり、唐人たちが大勢見物に来ます。様々な演し物の中でも、唐風の踊りでは、小さな子どもまでもが混じって、衣装も帽子も、唄も音楽も唐風にして踊るので、見物の唐人たちはたちまちホームシックになって涙を流す者もいるのです。感動のあまり、指輪や花かんざしを桟敷から投げ、踊り子にプレゼントしたりもします。さらにはその光景を、旅人たちが眺めては、なんと珍しいものだと喜ばない者はいないのです。

阿蘭陀人が見物することもあります。お旅所の桟敷、あるいは出島の前で、踊りを披露してもらいます。カピタンがお旅所へ出る年には、留守番の阿蘭陀人たちが、出島の前で踊ってほしいと願うのです。（龍）

長崎の町の守護神たる諏訪の祭り「おくんち」は、きわめて多くの人々に喜ばれ、楽しまれる二日間の祭日である。豪華な食事と酒宴の最中を、諏訪の神は美しく装った踊りの行列に曳かれて、町の役人や多数の神官たちの群れに付き添われ、堂々たる行列を作って練り廻る。職人たちが仲間ごとに集まり、自分たちの仕事の守護神と考えているところの神を担いで、踊りの間を練り廻る。踊りと行列は、絶え間のない歌声と楽器の吹奏の中を、朝早くから夜遅くまで続く。（M）

秋の大祭、長崎くんち。いまでこそ、船や龍踊りなど、勢いよく回る「曳きもの」「担ぎもの」が増えましたが、子どもたちの「先曳き」や、演し物にまつわる行列が見られるように、踊町の本来は「神輿のお供の行列」です。

ただ、メイランさんが、踊町のことを行政の単位ではなく「職業をおなじくする人たちの集まり」として捉えていたように、長崎の人たち自身の生を祝う祭りでもあるのです。

龍踊り

川船

湯立神事

十一日。「湯立神事」が行われます。湯が沸いた器のまわりには、見物人の人垣ができています。湯立ての終わりには、行者が湯をかき混ぜた笹を群衆の中に投げ入れます。みんなはこれを大騒ぎしながら争って取り合い、お守りにします。この争いは、役人たちも制することができません。

流鏑馬

湯立が済んだら、「流鏑馬」です。竹に挟んだ九枚の的を射るのですが、馬場には見物人が大勢詰めかけ、バラバラになった的と矢を奪い合い、お守りにします。これを持つ者は運気が強くなるというので、若者たちが力ずくで取りあげ、偉い人やお金持ちの家に持っていって、ご祝儀をもらうという習慣があります。がめつい者たちは、まだ流鏑馬が終わらないうちから、偽物の的をお金持ちの家に持っていき、ご祝儀をもらおうなんてことがあるとかないとか。

神事能

十三日。諏訪社で「神事能」があります。奉行以下、役人、神職が揃い、警護された舞台の左右には、弁当持参の見物客が大勢います。祝言を含め、五番ずつが上演されますが、第一番は、毎年「諏訪」という謡です。昔この地に邪宗の徒がはびこって悪さをしていたところ、この明神が現れて成敗したという神徳を述べたもので、いまもなおこの謡が最初に演じられるのです。（龍）

夏の稽古から始まったくんちは、本番、湯立神事、流鏑馬を経て神事能で終わります。流鏑馬と神事能は長らく途絶えていましたが、近年、復活しました。

湯立神事

流鏑馬

神事能

長崎湾眺望図

阿蘭陀船出航・出島

九月十五日。「阿蘭陀八朔」といって、商館長らが奉行所や代官所、町年寄へ挨拶に廻ります。出島では、阿蘭陀人や召使いたちが鶏や豚を殺して酒宴を開き、笛を吹いたり、木琴を叩いたりして祝います。

十六日。阿蘭陀人は暇乞いをしに奉行所へ行きます。もちろん役人や通詞が付き添います。

十九日、二十日は、阿蘭陀船が出航する日と決められています。福済寺や大徳寺などの眺めの良いところには、長崎の住民、旅の人々が集まって見物します。阿蘭陀船が数十もの紅白の旗をひるがえし、石火矢を放ちながら港を出て行く様子は、絵にも描ききれないほどの珍しい眺めです。各藩の屋敷には、大名や家臣たちがいて出航を見届けるのですが、彼らがいるとあって、商人たちはいろんな品物を商い、町も大いに賑わうのです。(龍)

くんちの後を追うように阿蘭陀船が出航すると、長崎の秋は急に深まります。

出島図

唐蘭館絵巻　蘭館図　玉突図　Ⓝ

シーボルト肖像画　Ⓝ

長崎の「基幹産業」の舞台となった出島には、西洋からの様々な文物と、長崎、日本に大きな影響を与えた人たちがやってきました。

おもな商館長には、ナポレオン戦争の際、地球上で唯一となったオランダ国旗を守りながら船を待ちつづけ、日蘭辞書まで作り上げたドゥーフ、女性の入国は認められていなかったのに夫人を伴ってやってきたブロンホフ、この本にもたびたび登場するメイランらがいました。

医師として赴任したのは、江戸参府で徳川綱吉に謁見したケンペルや、植物学者としても知られたツンベルク、大著『日本』を著し、西欧での日本研究の礎を築いたシーボルトなど。「蘭館絵巻」の中で緑色の帽子をかぶっているのはシーボルトで、「入港図」では、妻のお滝さん、娘のお稲さんの姿も見えます。

狭い出島での生活は幽閉に近いものでしたが、ビリヤードなどの遊興や、出航前の宴のほか、冬至には「阿蘭陀正月」を祝ったり、舞台や衣装も揃えての素人芝居を上演したりしていたようです。

唐蘭館絵巻　蘭館図　商品入札図　Ⓝ

唐蘭館絵巻　蘭館図　商品計量図　Ⓝ

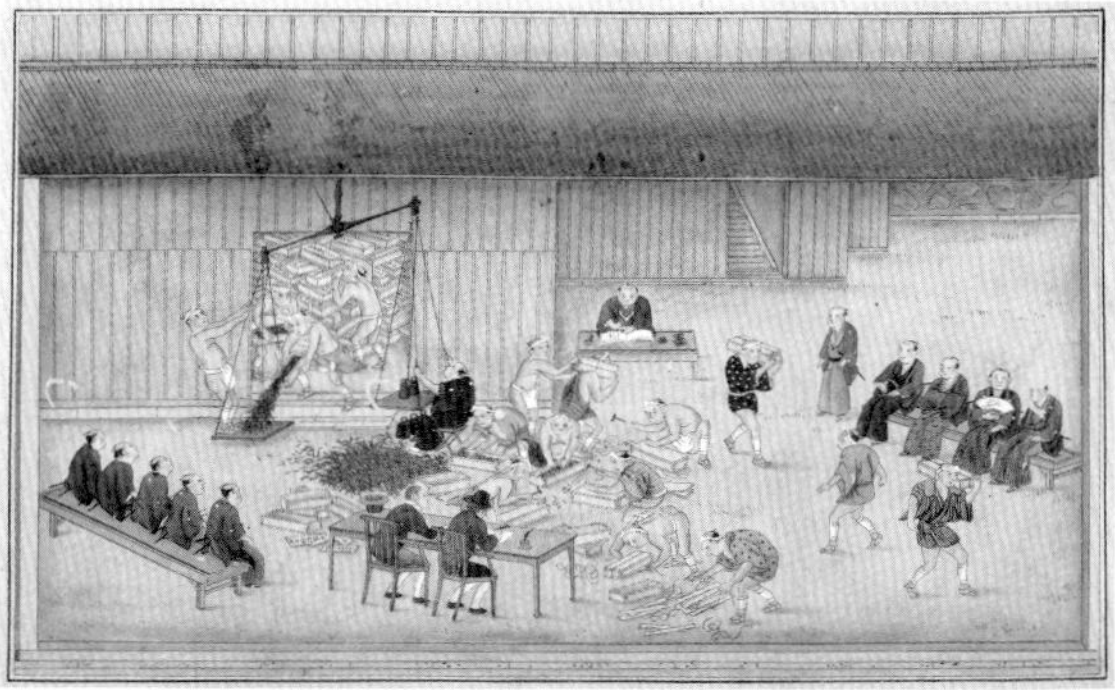

唐蘭館絵巻　蘭館図　倉前図　Ⓝ

唐蘭館絵巻　蘭館図　調理室図　Ⓝ

唐蘭館絵巻　蘭館図　蘭船入港図　Ⓝ

唐蘭館絵巻　蘭館図　宴会図　Ⓝ

唐蘭館絵巻　蘭館図　動物園図　Ⓝ

唐蘭館絵巻　蘭館図　蘭船出航図　Ⓝ

亥の子・炉開き

十月の最初の亥の日は、「玄猪の佳節」といって、家々では餅をついて祝います。俗にこれを「亥の子」といいます。「この日に餅をつかない者には、鬼っ子ができる」なんてことが言い伝えられています。当日は能仁寺の弁天祭礼で、子どもたちは、にわか狂言などを言い立てながら、寺にやってきます。

ただし、能仁寺（松の森の下にあって、延命寺の末社）の亥の子の祭礼は、以前は富札などがあって大いに賑わったのですが、いまはもうそんなこともなく、ただ参詣するだけです。

また、この夜は市中の子どもたちは、手頃な石を縄に結びつけて、双方から引き合って家々の門にやってきては、「亥の子の餅つかぬものは、鬼子持て子持て」なんてことを言いながら、踏み段に打ちつけます。これになんの意味があるのかわかりません。昔からこうなのです。（龍）

十月になると、だんだん冬の寒さが近づく。石工たちはすべて床にカマド（炉）を築く仕事に取りかかる。日本人は冬の間は、このカマドのまわりで暖を取る。（M）

「くんち終われば正月」とは、いまもなお長崎の季節感として息づいていますが、十月、十一月は、大きな祭りや行事もなく、まさにつるべ落としの秋の日のように過ぎていきます。

見るからに冷たい一三四頁の絵には、メイランさんが記す「炉を築く」様子が描かれています。

ふいご祭り・御正忌

十一月八日。鍛冶をする家では、「ふいご祭り」といって、家々に勧請したお稲荷さんにお神酒とお供えを上げ、お客さんを呼び、大いに賑わいます。この日、金剛院（如意輪寺という。長崎の南部、本石灰町の上にあります）と、西山郷の左近明神、そのほか各地の稲荷社で祭礼があります。

左近稲荷神社

二十一日より二十八日までは、御正忌《ごしょうき》（※親鸞上人の命日）といって、一向宗の寺では仏前を美しく飾り、お供えをし、仏事、説法があります。

この宗の信者たちは、とても信仰心が厚いので、この間は、子どもでも午前二時ごろには起きて、雪や霜を踏み分けて参詣します。その時刻になると、一向宗の寺では鐘をつくので、これを俗に「まいり鐘」といいます。男性は肩衣を着て、女性はさらし木綿、または「かなきん（西洋の布）」などを頭にかぶります。これを「おざぼし」といって、俗に角手拭、または角隠しと呼びます。新婦だろうと少女だろうと、みなこれを用います。

二十九日は「まな板起こし」といって、信徒たちは、鶏をさばき、魚を煮たりして食べます。いわゆる「精進落ち」というものです。

昔からこの地では、御正忌のあいだは魚を買う者がまれなので、市中の魚の値段がいつもより、やや安くなるといいます。長崎で一向宗が盛んだということが察せられます。（龍）

氷雨

鍛冶屋、鋏屋

川渡りの餅

十二月朔日。「川渡り」といって、前の晩から餅を売り歩く声が高々と聞こえます。家々ではこれを求め、あるいは店で買ったりして準備しておきます。朝、神前や仏壇にお供えし、なますを刻んで、餅を添えて台に乗せ、客人に出すのです。これを「川渡りの餅」と呼んでいます。

ただし「川渡り」は、川を渡るということではなく、この月はとりわけ忙しい月なので、誰もかれもが暗いうちから起き、また暗くなっても働いて回り、お互いに行き逢う人も目に見えないほどだという意味で「顔は誰（かほはたれ）」が変化した言葉だと古老は言います。いまでも「黄昏（こうこん）」を「たそがれ」と訓読みしているのを考えれば、そういうこともあるでしょう。「たそがれ」は、物の区別がわからず「誰か彼か」という意味なのだと、これまた古老は言うのです。（龍）

「かほはたれ」→「かはわたり」という、いささか強引な「古老」の説明ですが、「川渡り餅」の由来としては、森羅万象を木火土金水の要素や、陰陽に発する八卦に当てはめる陰陽五行の法則によるものという説があります。これによれば、「十二月＝冬＝水気＝川」を「越える＝渡る」ため、あるいは川渡り餅の多くは、甘いあんこ餅だったそうで「甘い＝土気＝水を埋める」ことで、早く春を迎えるというおまじないのようなものではなかったかと考えられます。これに限らず、文龍さんの時代には、すでに意味や起源が不明とされる行事、習慣がいくつも見られます。

餅売り

節季候・すす払い

非人たちが初めて「節季候《せきぞろ》」をして、市中の家々を回ります。また「すすとり恵美須」という者もいて、これまた非人たちが烏帽子をかぶり、釣り竿を持った恵美須さまに扮して家々の門に立ち、歌を歌いながら米を乞うのです。子どもたちはみんな、これを見て喜びます。

この月は、家々の多くですす払いをします。あるいは、すすを払う笹に藁を束ねて海老をかたどり、屋根の内側に恵方を頭にして上げておけばめでたいとする家もあります。（龍）

気の抜けたような秋が過ぎ、十二月の声を聞けば、この先は年越しへまっしぐら。メイランさんの目には「十二月には、ただ正月の準備だけがある」と映ったようです。

「節季候」は、編み笠に三味線などで囃し立てながら町を廻る人たち。どこか日常とは違う次元の世界から、新しい年の到来を告げに来たかのようです。恵美須さま、春駒、大黒舞……年や季節の変わり目には、度々このような芸能者が現れました。

一三八頁、カマドの修理が「正月準備」と題されています。カマドは、大晦日の夜に死体や汚物が黄金に変わる「大歳の火」や、「シンデレラ＝灰娘」の不思議が起きる場所であり、竈神、荒神、火の神が祀られたところ。それを手入れして新しい年を迎えることには、現代の「コンロ掃除」以上の意味があったことでしょう。

正月準備

餅つき

餅つき・大極柱の餅

二十二日、二十三日ごろより、二十七、八日まで、家々では「年の餅」といって餅をつきます。神棚、恵方棚、仏壇などの鏡餅のほか、門松の餅、幸木の餅、臼の餅、家財道具の鏡餅すべてを作ります。また、新たに恵方棚を作り、春を迎える用意をします。（龍）

冬の寒さの中を、多くの人夫たちが、もっとも上等の米の粉を、もっとも純良な粉に挽くために汗を流して働く。この粉で「供物パン」の形をした菓子（餅）を作る。（M）

餅つきの日、新婚の家では、出入りしている者たちが、新婦を抱きかかえて臼の中に入れようとします。その際、家の者たちは「千貫」「萬貫」などと声をかけながら、新婦を「買い取って」臼に入れないようにするのです。「臼入り」という、楽しい祝いの行事です。新郎にもおなじようなことをします。

「大極柱の餅」ということがあります。つきあげた餅で宝袋を作り、水引でへぎ板に結びつけ、大極柱に掛けておいたり、あるいは歳徳さんの頭のような形に作って、柱に撫で付けたりします。これは「日が経って自然と落ちてくるのを取っておいて、初めて雷の鳴った日に取り出して焼いて食べれば、雷よけになる」ということが、古くから言い伝えられているのです。（龍）

米、そして餅は、日本人にとって単なる「食品」以上の意味を持つもの。それを作る道具にも、特別な力を託していたようです。「大極柱の餅」は、井原西鶴も長崎の面白い風習として書き残しています。現在「大黒柱」と書かれることが多い「大極柱」は、すべての物事の始まりである「太極」すなわち家の中心の柱を表しています。

鏡餅

二十八、九日のあいだは、家々で松を立て並べ、それぞれに飾りをします。神棚、荒神棚、恵方棚、仏前、そのほか武器や家財などに〆を張って、鏡餅を供えます。鏡餅の多くは上に昆布や橙などを置きますが、それぞれの飾りは家によって違います。荒神棚の大鏡は、どの家でもすべて三つ重ねで、上に海老、橙、昆布、串柿、包んだ米、塩、下にユズリハと裏白を敷いて、これを置きます。

また、ちょうどそのころ、鏡餅に塩鰤、塩をした紅魚を添えて、親兄弟に贈る習慣もあります。両親が健在であれば、鏡餅は二組、片親の場合は一組を贈るのがならわしです。（龍）

餅は、自分の尊敬する親しい友人・親戚に贈るためのものである。一家の主人が、このような橙や海老や緑色の葉、その他の飾りを附けた菓子、あるいはパンを贈られることが多ければ多いほど、それだけ自分が尊敬されていることを誇りとして良いのである。というのは、この贈物を贈ることは、すなわち慈愛と報恩のしるしだからである。（M）

正月（P.17の部分　Ⓝ）三つ重ねの荒神鏡餅

正月の挨拶（P.16の部分）二組あるので両親健在か？

手掛けの台

「手掛けの台」というものがあり、「蓬莱」とも呼ばれます。多くは三方に紙を垂らし、その上に裏白を敷いて、九合の米（なぜ九合なのかはわかりません。十に満たないということに意味があるのでしょうか）を盛って根曳きの松を立て、包んだ米、塩、昆布、海老、橙、橘、ホンダワラ、栗、茅の実などを置いて飾りとします。また三方に大熨斗を垂らして、分銅、あるいは奉書紙に米を包み、水引で中央を縛って宝袋にして重しにもします。昔から家々のしきたりがあって、一様ではありません。おばあさんがいるような家では、かたくなに昔の形を守っています。正月中に来客があるごとに、まずこれを持ち出してお互いに祝いを述べます。趣味人などは三方の米の中に花瓶を入れて松竹梅を生けたりする者もいるのですが、これは最近の流行りです。（龍）

正月（P.17の部分 Ⓝ）

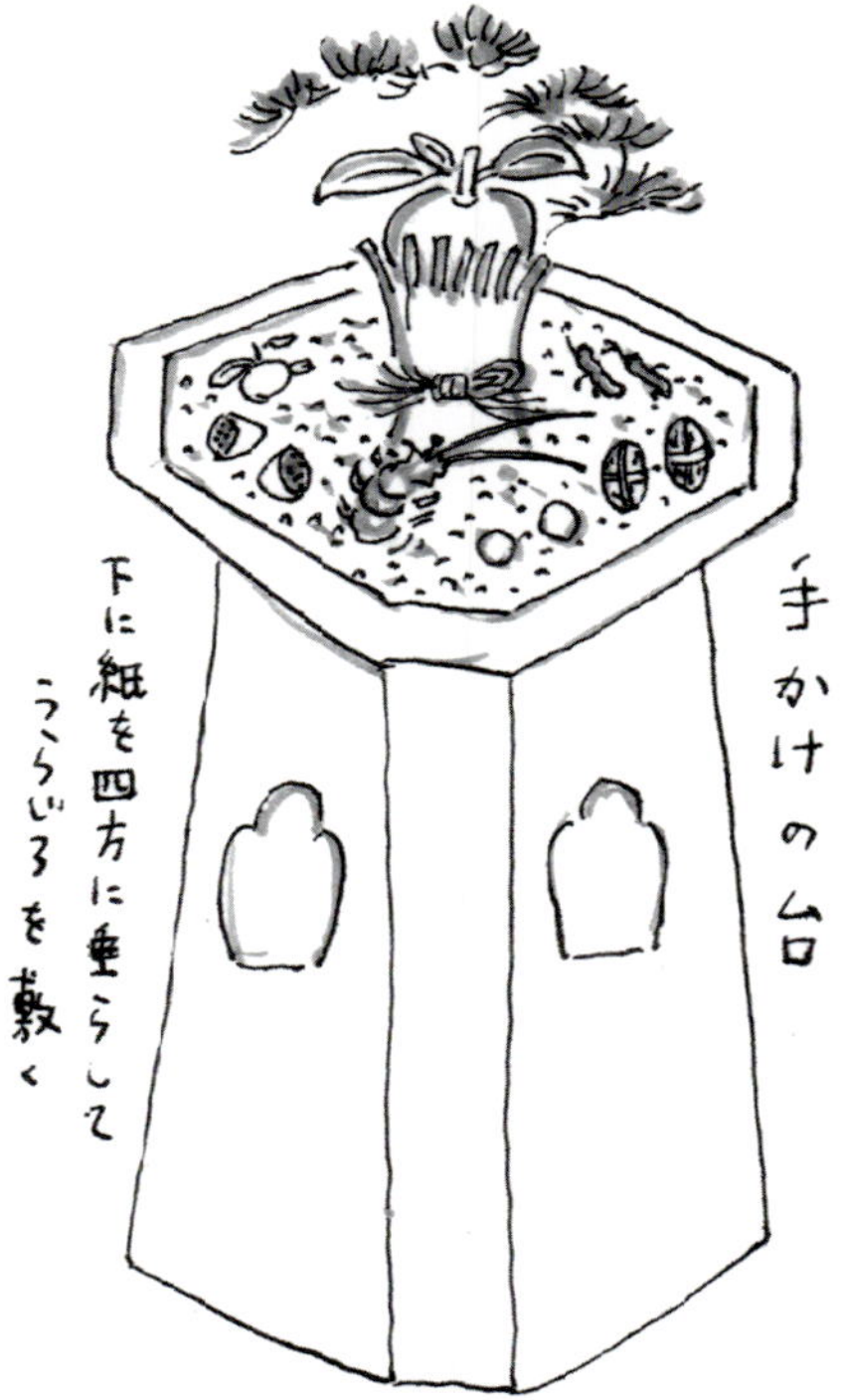
手かけの台
下に紙を四方に垂らして
うらじろを敷く

(文)

正月の挨拶（P.16 の部分）

幸木

幸木《さいわいぎ》というものがあります。長さはおよそ一間ほど。回りが一尺あまりの木に縄を結びつけ、塩物の鰤、𩺊、するめ、鯛、鰹節、塩鯨、塩漬けの雁や鴨などを掛け、木には〆飾りをして、正月の飾りとします。正月にお客さんが来たら、これを料理して出すのです。

幸木という名前は、結びつける縄の数が、その年の月の数と同じ……通常なら十二、閏月のある年は十三と決まっているというあたりに、関係するように思われます。

お金持ちの家であれば、ペコペコと争うように贈りものを持って挨拶しにくる人がたくさんいるので、一本の木では足りず、違う木を継ぎ足して壁の間に掛けて飾りとします。奥さん連中は、これが多いほど鼻高々というわけです。

（龍）

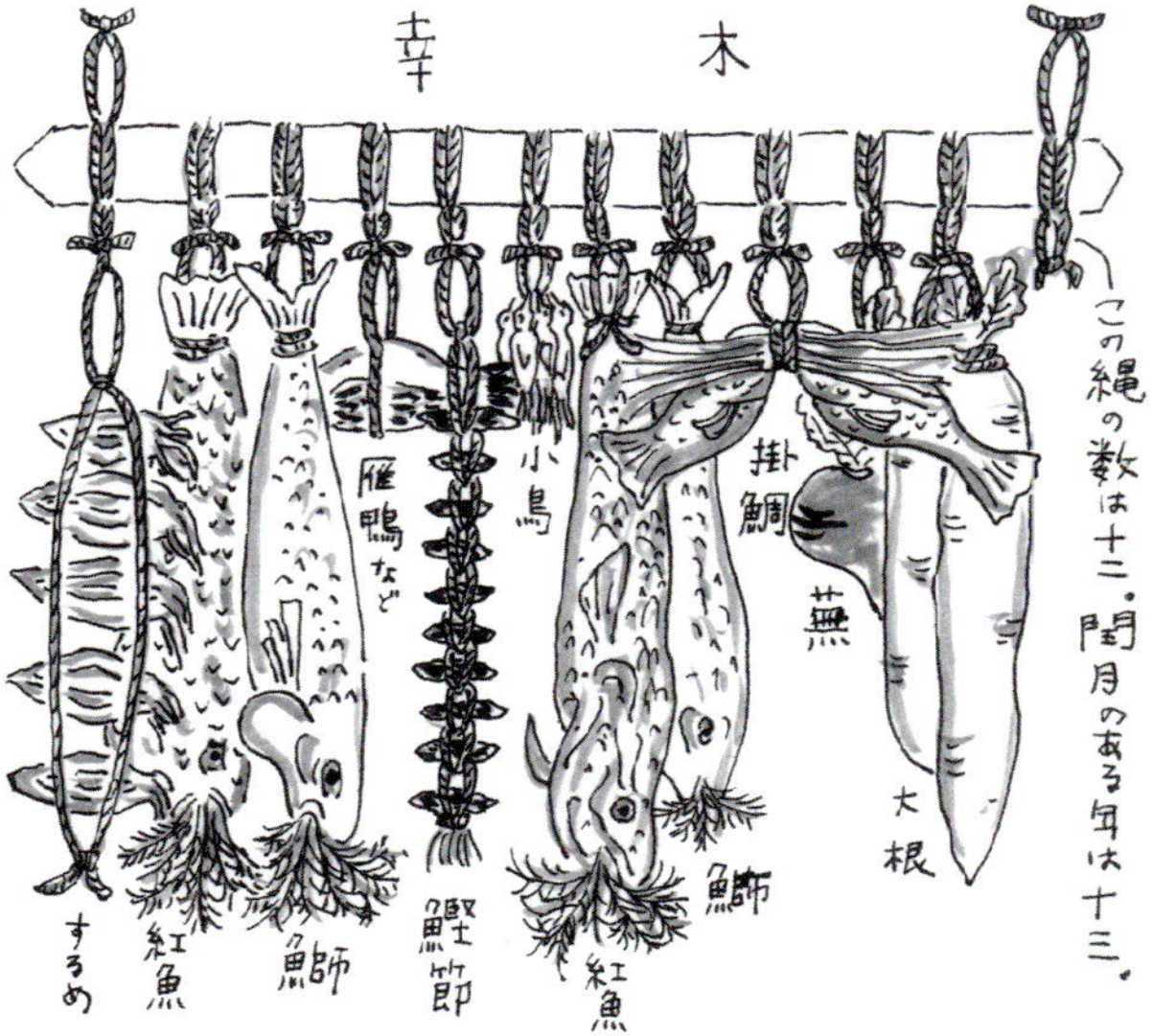

（文）

大晦日・掛取り

晦日。家々では、掃き掃除をして迎春の用意をします。

街では人々が行き交って賑わいます。魚売りや、お膳や八寸、神前用の折敷、掛け灯台、餅の台を商う者、釜の輪やむしろやかます、炭、薪、裏白、〆縄、松、笹、橙、みかんそのほか様々な野菜雑穀などを、近郊から売りに来た者の声が響きます。

売り掛けを集める商人たちは、銭腹（※集金用の籠）を担がせ、たとえ晴れていても木綿の雨合羽、股引、脚絆、わらじを着けて掛け先を廻ります。（龍）

心から喜んで来るべきお祭りの日を待っている多くの人にとって、まったく愉快どころではない訪問客のお見舞いがある。一年の中、一般に支払日が二日あり、その一日は、一年の最後の日に当たることを思い出してくだされば良い。彼らは勘定の帳面を持ち、他のことで忙しいため、自分の借金を忘れた人々の記憶を呼び起こすために、家から家へと廻って行く。（M）

一四七頁、のどかなはずの歳の市の風景の真ん中で、なにやら札を数えているのが「掛取り」です。長崎では貿易によって得た利益をもとに、盆暮れには「箇所銀」「竈銀」という「ボーナス」が、町役人を通じて人々に配られました。それを当てにしての集金なのです（彼らの姿は『精霊流し』にもありましたね）。足もとには雪。江戸時代後期は、現在と比べると平均五度くらい寒かったという「江戸小氷期」でした。慶賀さんの絵の中の雪は、いまの長崎ならひと冬に一、二度あるかないかの積もりかたですが、当時はよくある光景だったのでしょう。

町役人

掛取り

雪見

歳市、行商

年越し・迎春

日が暮れると、家中の神様や恵方棚、仏壇、家財道具、浴室、便所にいたるまで灯火を掲げます。年越しの夜は家の中を昼のように明るくしておくものだと言われていますので、あちこちの灯火や火鉢には予備の炭を添えておきます。

翌朝の雑煮の具、おせち、お屠蘇などの準備を整えます。雑煮は、水菜、大根、ごぼう、するめ、昆布、南京芋（里芋）。この六品を合わせて串に刺しておきます。出汁を温め、餅を入れて出す時に、串を抜いて具を入れるのです。以前は干し鮑や干しナマコを添えたものですが、最近では慎みのある家は、この二つは入れません。

「晦日そば」というものを、来年の運気が強くなるとして食べる者もいます。「あれは町人がすることではない、武家が『（※そばを？）打つ』という言葉にかけて、こんなことをしているのだ」と言う人もいますが、真相は不明です。

そして「仕事」を終えた掛取りたちが酒を飲み歩き、歌を歌ったり、手拍子を打ったりしてうるさいものです。夜明け近くに、ようやくやみます。

また、大人子どもに関わらず、へぎに塩を盛ったり、重箱を作ったりして家々を廻り「『明きの方（恵方）』から来ましたよ」などと言って、金銭を求める人たちがいるのは、まるで節分の夜のようです。（龍）

正月の式は貴となく賤となく
家々多く嘉例ありて、
いづれも其用意をなし
来る春を迎ふ

野口文龍

雪景色

雪景色

長崎港雪景

旅人

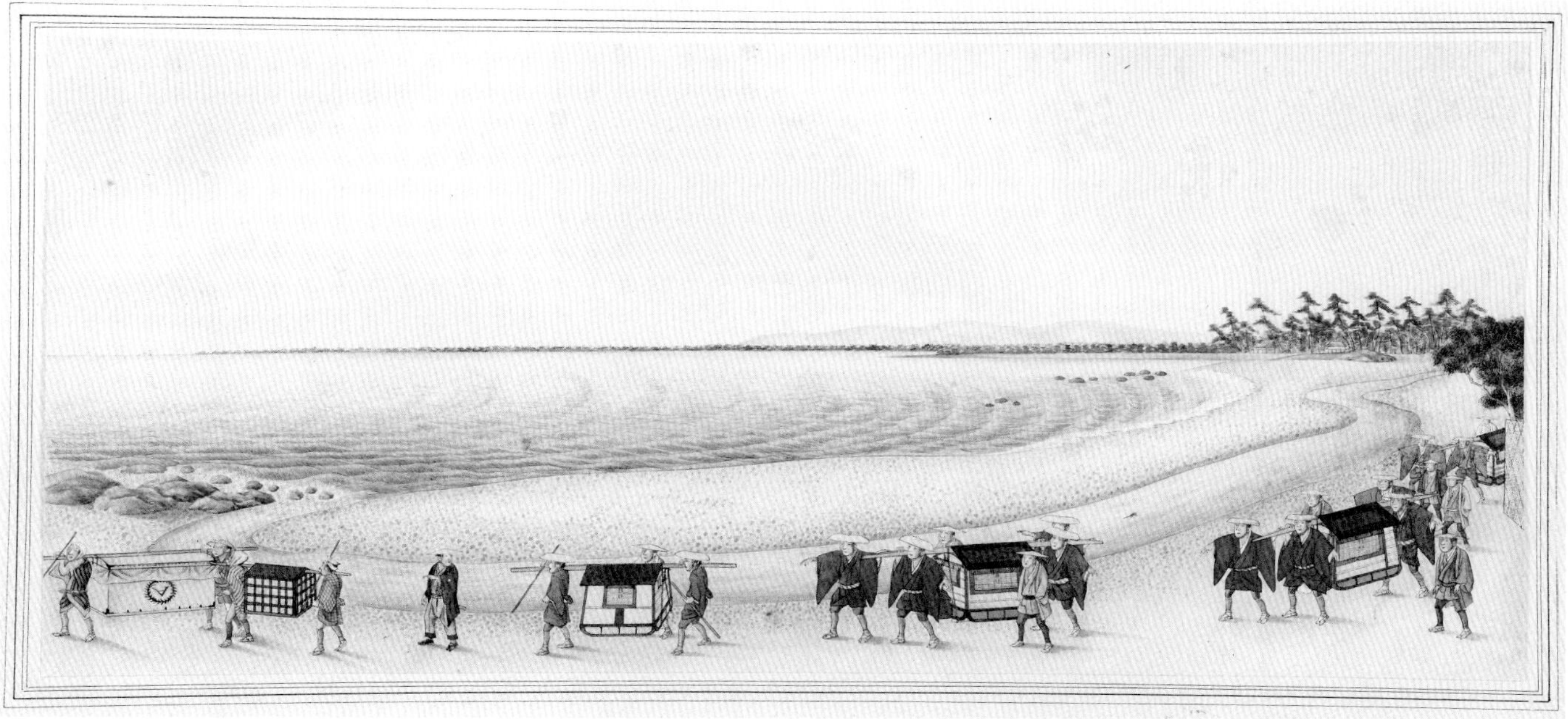

大村（千綿付近）

旅と道の風景

長崎を離れ、旅の空。シーボルトの「カメラ」として江戸参府に同行した慶賀さんは、
各地の名所旧跡や神社仏閣、「道の者」とでも言うべき遊行の民の姿を、多く描いています。

街道図

吉原付近

宮島図

石清水八幡

佐夜の中山の伝説の石

桑名付近

小倉引島

矢矧橋

渡し守

本陣

旅籠屋

大道芸人

同心坊主

座頭

六部

虚無僧

惣嫁《そうか》、遊女

山水図

まさに筆が走る勢い。慶賀さんには珍しい山水画です。左下にシーボルトの字で「 Door den Japanishen Schilder Tooioske binnen 2¼（日本人絵師の登与助が二分十五秒で描いた)」というメモが見えます。

魚釣り

夫婦図（夫）

人の一生

人生は始まり、
続き、
ついで終わる。

——メイラン

夫婦図（妻）

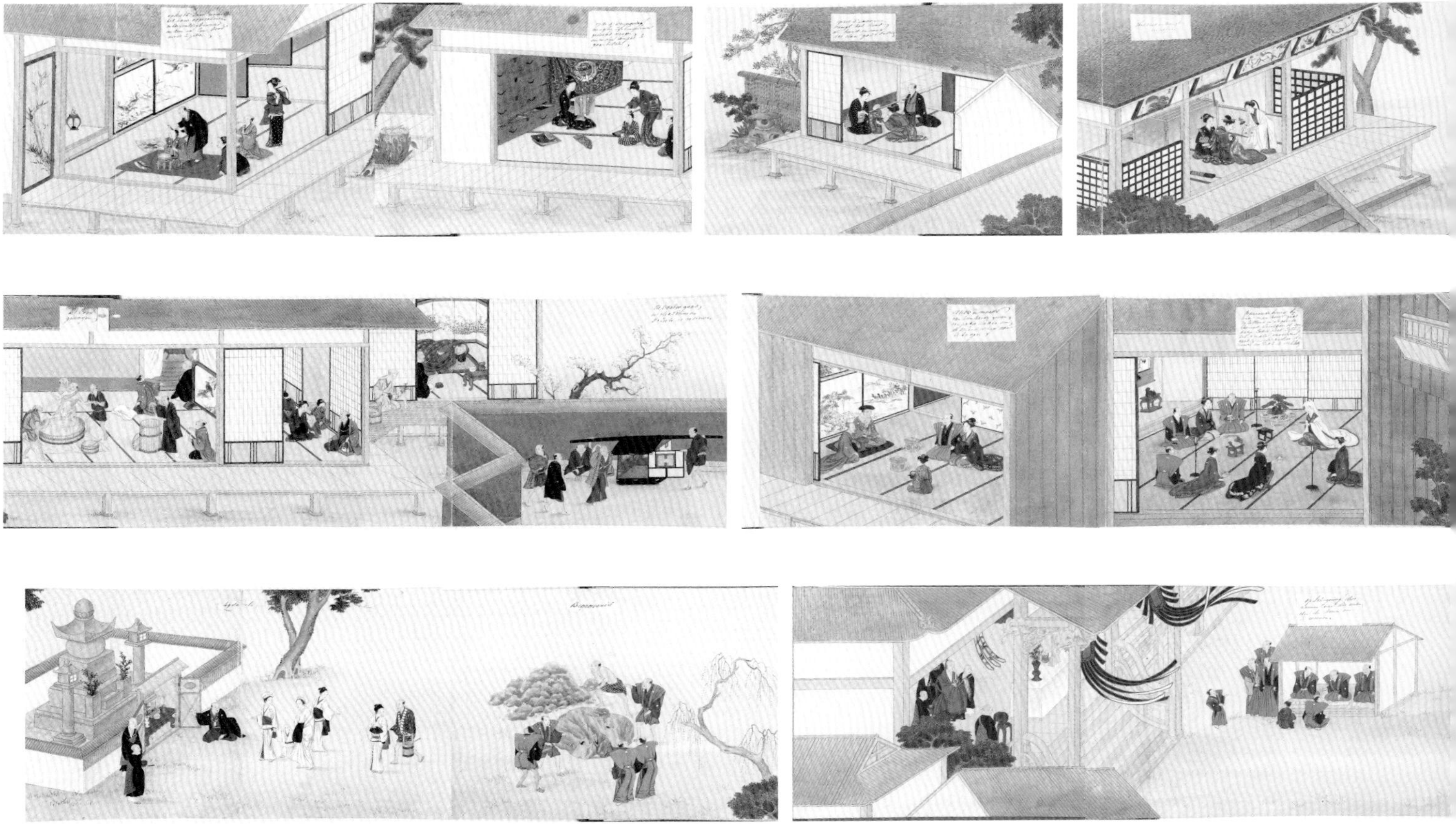

P.164、165　人の一生（画巻折本）

腹帯と出産（右は、P.168「赤い縮緬で縫った帯を胸の下に巻きつけ」ようとしている場面と思われる）

宮参り

妊娠・出生・宮参り

日本では婦人が妊娠するとすぐ、近親者の立ち会いのもとに、赤い縮緬で縫った帯を胸の下に巻き付け、固く締めるのがひとつの習慣となっている。これをやらないと胎児が母親の胃の所まで上がってきて、母親自身が生きて行くのに必要な食物を取ってしまうと信じているからである。

お産は、他の東洋諸国の場合と同様に、年老いた婦人（※産婆）の気ままと偏見に満ちた取り扱いに全く委ねられている。産婦は分娩が済むとすぐ、産褥に二個の米俵を置き、その間に座り、俵の上に腕を置き、座った姿勢のままで、最初の九日間は産褥を動かずにいなければならない。人々は産婦が眠ることを危惧して、ほとんど産婦の目を閉じさせない。

この出産の場合とは反対に、初めてこの世に生まれた子供の取り扱いは、きわめて称賛に値すると思う。すなわち赤ん坊は清潔な水で清めて、紐やバンドの類いは何もさせず、自然のままに四肢が自由に発達するようにしてあり、運動はまったく自由にできるようにしてある。

子供は誕生後、女児なら三十日、男児なら三十一日に達すると、寺院（※神社）に連れて行かれて、そこで名前を貰う。下女が持つ箱には、金銭の他に三つの名前が書かれた一枚の紙が入っている。僧侶（※神官）の務めは、この三つの名前の中のどれが子供に一番幸福であるかを神に相談することで、神のお告げがあると、僧侶はすぐその名を大きな字で紙に書き、板の上に載せる。お寺に養われている婦人（※巫女）は、一方の手でその板を持ち、一方の手で日本人が鈴と呼ぶ楽器を持って、この鈴を子供の名を呼びながら何度も鳴らす。（M）

宮参り（2）

成長

三歳の時には、日本人が胴の回りに巻いて着物を締める、あの帯を締めさせられる。五歳に達した子供たちは、頭髪を調えるために伸ばさせる。七歳の時には、紋付羽織を貰う。十五歳の時には元服の式を行って、成年男子の髪を結い、一人前の男の数に入れてもらえる。

日本の青少年たちの教育はきわめてゆるやかである。厳格な両親、大胆無遠慮な子供の例は滅多に見当たらぬ。従って、体に加える折檻というものは日本ではほとんどない。

剃髪（元服）

子供に付けた名は一定不変のものではない。何度も名前を変えるのが日本人の習慣である。最初の名は七歳まで持っている。七歳になると第二の名前を貰うが、その名は十五歳になるか、または十五歳以下でも社会における地位が確立するまで続く。この時になると、また第三の名に変える。名前の変更は、この後もまた何度も起こる。（M）

子守女

帯解き、袴着

見合い

結婚まで

日本では一般的に結婚はきわめて早い。どこの家でも…特に高官の場合は、結婚に際しては身分の釣り合いということ以外、何も考えないということがおきまりになっている。例えば、長崎の代官は長崎の市内で釣り合った身分の者がないので、代官の子は毎日交際往来する家の人の中から、結婚の相手を選ぶことができない。不釣り合いな結婚をすると、その家は軽蔑され、そのために衰えることとすらある。

両家の家では、花婿の側からは男、花嫁の側からは女の委員が決まり、未来の夫婦の利害をよく考慮した上で、様々の儀式張った協定をまとめ、初めて本当の婚約が成立する。

一般に行われている習慣では、まだ若い二人がお互いに相知るまでに至らないうちに、その子たちを結びつけようと、見合いをする機会が与えられる。最初の見合いは、一般に寺院の近辺で行われる。（M）

祝言の段取り

結納

花婿は花嫁に贈りものを贈る。この贈りものはその地位・財産に応じて算定されるが、多くの場合、高価なものである。花嫁はそれをすぐに、自分が両親から育ててもらった苦労と経費の感謝のしるしとして、自分の両親に捧げる。

花嫁は自分の着物のほかに、多くの家財道具や台所用品、紡績車や機織り機械などを持参する。嫁入り道具は、婚礼の日に長い行列に交わって花婿の家に運ばれ、一般の人に見せるため、数日のあいだ置かれる。一方、花嫁がこの日まで遊んできた人形や玩具は、花嫁の子供としての時期はここで終わったという警告として、火に投じられ、焼き捨てられる。

花嫁の輿入れは、婚礼の夜、盛大な儀式で行われる。行列は方々を練り歩いて非常に盛んな様子を呈する。お客は、男は紋付、女は金の刺繍をした着物と帯など、一番よい着物で着飾る。

花婿の家では、上を下への大騒ぎで、特に台所は大変である。この機会にすべての道具が新しくなり、料理人や女中はその夜遅くまで続く宴会の準備に多忙を極める。（M）

道具運び

輿入れ

婚礼日の台所

祝言

婚礼・結婚生活

花嫁は全身白装束で、頭にも白いヴェールを被っている。これは死装束であり、新しい夫の家の人となるため、友人・縁者に死別する象徴として着る。

客間には、花婿がその両親や近親者と、一番上席に座っている。部屋の真ん中には、松と花を付けた梅、鶴と亀――男性の力と婦人の美、長い幸福の生涯を象徴するもの――を飾った立派な細工の卓が置いてある。

花嫁はこの卓のすぐ側に座り、まず最初に盃を干したあと、愛と貞節のしるしとして花婿に盃を差し、次いで舅と姑に、それから近親者へと回り、盃が終わると結婚の儀式は終わるのである。

酒やたくさんのごちそうが出て、お客がその飲食に忙しい間に、新夫婦は結婚の実を挙げるため座を去る。(M)

結婚式のあと三日間、新夫婦は新婦の両親や近親者を訪問する。これが済むと、結婚に関する儀式はすべて終了し、二人は死んで夫婦の関係が解けるまで生活を共にすることになる。

妾は、ある点では正妻に従属する地位にあるが、その他の点では同じ待遇を受け、その立場は正妻より低いと言うわけではない。

男子は妻を、理由を明示することなく、一枚の離縁状で離婚する権利を持っている。しかしその場合は、彼らはその能力に応じて離縁した妻を扶養する義務がある。離婚が正当と考えられるような理由をあげることができる場合には、その扶養の義務を逃れる。婦人の姦通は容赦なく死刑をもって罰せられる。また、どんな理由にせよ、婦人が主人のもとを去ることはできない。この不平等の起源はすなわち、ヨーロッパとおなじく「強き者法を創れり」ということである。(M)

松根蟇腰
千年縁萬華

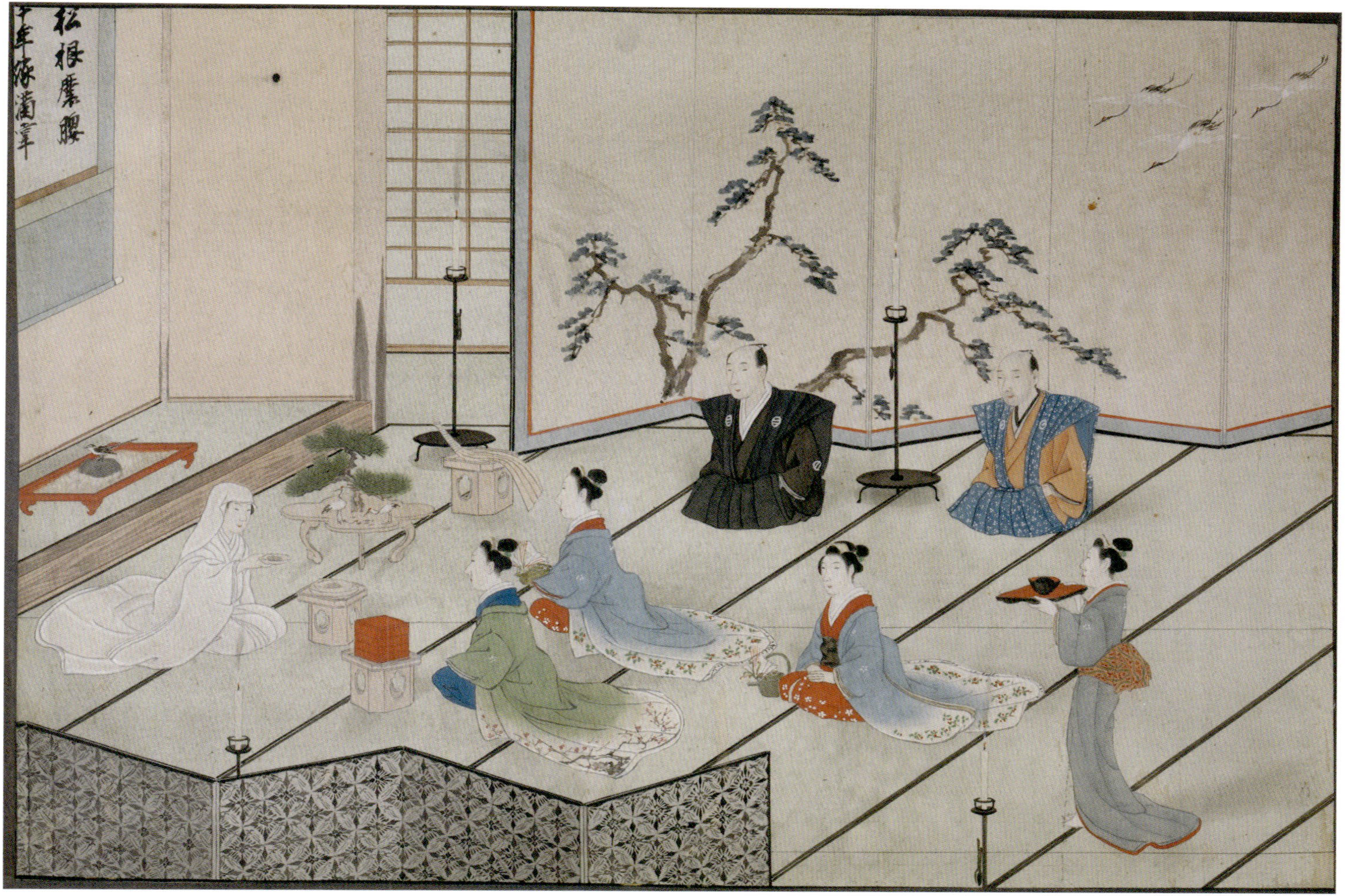

祝言

歳祝い（喜寿）

歳祝い（厄祝い）

嫁盗み

メイランさんと慶賀さんが記したのは、いわば「上流階級」の様子です。「まともな」婚礼には費用もかかるため、また、親が許してくれない場合などに、長崎の「中流以下」の人々は「嫁盗み」という方法で、結婚を成就させていました。

「嫁ごぬすみ」ということがあります。定まった日にちはありませんが、十一月、十二月の間に多いです。娘を嫁に盗むことを、昔から「嫁ごぬすみ」といいます。旅人など、事情を知らない人は、これを聞いて驚き、犯罪なのだと思います。長崎では、中流以下の家の者たちは、内々に娘と通じておいて、あるいはつてを頼って親へ話をしたのだが、その親が承諾しないとなれば、婿となる者が町の知人や友人らと申し合わせ、吉日を選んで娘の近所に行っておいて、夜中に手はずを整え、娘を引き出して盗み取るのです。途中で籠に入れて、みんなで声を揃え「嫁ごぬすみだぞ〜！」と叫んで走ります。長崎の風俗ですから、これを聞いて驚く家はありません。

「盗む」家では、酒肴を用意しておき、「盗まれた」家からは、「取り戻し」という口利きの男女が三人ずつ出向きます。形だけのことですので、喜んで酔っぱらって帰ります。正式な結納や婚礼を調えることができない身分の者は、ほとんどがこれで済ませるのです。

また、一方的に盗まれる「嫁」もありますが、意に添わない場合は夜明けまでに逃げ帰ります。「婿」は面目が立たないので、すぐにほかから盗むことさえあります。

（龍）

嫁盗み　『長崎名勝図絵』　Ⓝ

病臥

死去

病と死

男と女が長い年月の間、結婚の甘さと苦さを味わいつくすと、終には、あの世とこの世の二つの世界の間の空間を我々に示すところの、無情な「病」がやってくる。病気が進むと、人々は医者の数を増やしたり、薬の力で病気の圧力に対抗しようと努めるが、しかしその甲斐もなく、自然の体力も病気と戦い疲れて、終には衰え、人間は死んでしまう。

死人が出ると、喪のしるしとして、襖や障子(※屏風のことか?)を逆さに立て、家人は羽織を裏返しに着る。またこのような家にカラスがたくさん群がっているのが見られることがある。それは日本人が死に関してこの鳥に抱いている偏見によると、カラスはおそらく屍体の匂いを慕って降りてくるのだそうだ。

診察にやってきた医者も、カラスを発見すると、もはや病人は医者の助けを要しないことを知って、さっさと帰って行く。

医者に代わって、今度は僧侶の番である。死の床に侍し、死者の魂の休らいのための祈禱をする。(M)

医者

死去　(2羽のカラスと逆さになった屏風が見える)

屍体は清められ、袖の付いた長い広い白衣を着せるが、この背中には、高い代価を払って僧侶に書いてもらった神聖な文字を書いてある。広く信ぜられている迷信によれば、天国に行く手形として役立つらしい。

着物を着せると、屍体は足を曲げて、坐臥の姿勢で桶に入れる。さらにこれを大きな土の甕に入れて、すっかり墓に埋葬する準備ができた。

湯灌（部分）

教養のある階級では、死者の近親は、ただ寂しく亡き人を悲しみ弔う。屍体の始末や埋葬の世話は、友人たちが始末を付ける。ある者は埋葬の監督のために墓に出かけ、ある者は礼服を着て家の玄関に座り、弔問客を受け付ける。弔問に来る友人・知己も礼服を着て死者の家にやってくるが、体が穢れないようにするため、敷居はまたがない。受付の者はその親切を謝し、近親者はいずれもみな深い悲しみに沈んでおり、自身でこの弔問を受けることができない旨を伝える。これで相互に、義務的な礼儀は尽くしたことになる。（M）

弔問

湯灌

墓掘り

埋葬・送り火

日本人は自分たちの墓穴を作るのに、非常に手数をかける。墓を掘るのにも、冷淡な人夫に任せてはおかぬ。死者の友人の中の一人がその仕事を引き受け、その立ち会いのもとに穴を掘らせる。

夫婦は共同の墓と墓碑を作るのが普通である。最初に死んだ人の名前をまず黒い字で彫り、生き残ったほうの名を傍らに赤い字で彫る。長生きしたほうが死ぬと、屍体はおなじ墓に合葬され、赤字を黒字に書き換える。金持ちや身分の高い人の場合には、金文字をかぶせる。

屍体を担ぎだした家では、油と匂いのある薬草に火を付け、それを燃して清めをする。それが済むと、家に付けてあった喪中のしるしを取り去る。（M）

墓掘り

送り火

葬列

葬列の迎え

葬列

屍体は次の順序で墓に運ぶ。
一、二人か、二人以上の松明持ち。
二、神聖な書物や香具を持った多数の僧侶。
三、僧侶の両側に、神聖な文字を記した、長くて白い吹き流しの形の紙片を付けた竹を持った多くの侍者、多数の提灯や日覆いを持つ人々。
四、屍体。棺台に載せ、白紙を貼った美しい四角の棚をかぶせ、丸い天蓋で覆い、その上には一種の花冠が付けてある。
五、屍体に付き従う友人・知己。
六、その真ん中に、死者の近親者。喪の色である白い着物を着ていることで、他の人との区別ができる。費用を払える婦人は駕籠で行く。

寺の中に、死者のために立てる石碑の模型（※位牌）を、きわめて簡素な祭壇の上に安置する。数名の僧侶が屍体についてのお勤めを行い、首席の僧侶が冥福を祈る言葉を投げて葬儀を終わる。

お寺の小さい室には、死者の家の代理人が二人いて記帳の用意をしている。屍体に付いてきた友人・知己はここにやってきて、名を告げて記帳してもらう。近親者は喪が明けるとすぐ、彼らの家を訪問しなければならない。（M）

葬列

葬列の迎え

墓参り

四十九日

喪は四十九日間続く。喪の期間中は、死者の血縁者は毎日寺の仏間に、膨れていない平たい菓子を持って訪れ、祈禱をする。この菓子の数は死者が死んでからの日数とおなじである。それで最後の日には、お菓子の数は四十九個に上る。男子は喪中は頭髪と髭を剃らずに伸ばしており、五十日目にそれを剃る。そして婦人も同様、いつもの普通の仕事に還る。（M）

現在ではあまり馴染みのない「四十九個の平たい菓子」は、慶賀さんの絵の中にも積み上がっていますが、死者の体を餅に置き換えていく「骨餅」だと考えられます。

それにしても、墓石の戒名！　悲しいだけでは終わらない、慶賀さんの茶目っ気です。

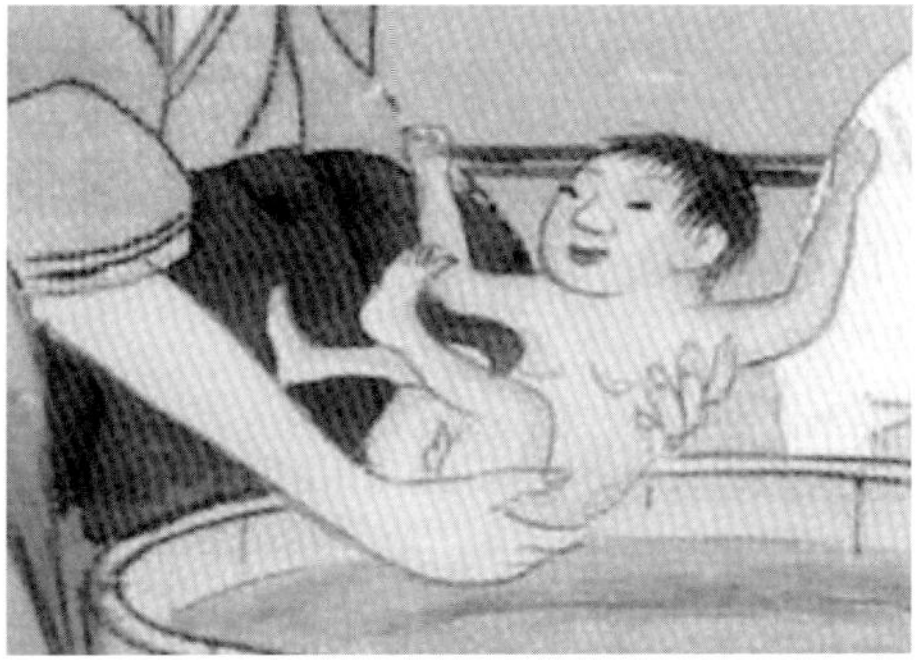

腹帯と出産（P.166 の部分）

ハス

野口文龍・著

長崎歳時記

現代語訳全文

長崎歳時記　序

昔、この町の西川如見さんが「長崎夜話草」を書いて、すでに世の中に出しています。そのあとも、釋恵通さんが「長崎図志」を、盧千里さんが「長崎先民伝」と、それぞれに一家言なしておられます。これらがあれば、長崎の人や土地のことについては充分わかるわけですが、そうはいっても、人々の暮らしのあれこれや季節の行事については、記録されていないことがまだたくさんあると思うのです。とりわけ、ごく普通の人たちの言葉や、子どものおもちゃなどに、中国や西洋の風俗習慣の名残があったりします。こういう事例をたまたま見つけて、これだけで長崎を語れば、よその人はひどく変な話だというでしょう。これはつまり、意味が分からないままになっているからです。というわけで、そぼ降る雨音を聞きながら、私が暮らすこの町の風俗習慣や方言を拾い集め、夜な夜な長崎の歳時記を綴ることにしました。書いているこ とがらで年代や身分などによる違いがあれば、よく知った老人たちにたずねたり、それ相応の身分の者たちに聞いたりして、正確を期しました。これで、よその土地の人がこれを読めば、長崎のことを、そして四季の暮らしのあれこれを、手に取るようにわかることでしょう。とはいえ、文字で書くだけでは追いつかないこともあるので、必要があれば図解を添えています。でも、あぁ、いかんせん私はあまり絵が上手ではありませんので、伝えきれていないことでしょう。おなじような気持ちを持つ方がいて、これを補っていただければうれしいです。

一七九七年　夏の初め　長崎にて

野口文龍しるす

正月

元日

家々では「若水」といって、夜明け前のまだ暗いころから恵方の水を汲んで湯を沸かし、お茶を淹れます（この朝『若水手拭』といって、一年分の手拭を新しく下ろします）。さらに神棚、恵方棚、仏壇を清めて灯火を掲げ、雑煮を出し、お屠蘇を飲んで祝います。

雑煮は、三ヶ日、あるいは五ヶ日と限って食べます。

お膳の向こうには皿に裏白を敷いて、その上に塩鰯を二〜三匹ずつ据え、これを「据わり鰯」と呼びます。もし来客があれば、まず「手掛けの台（十二月参照）」を持ち出して前に置き、あるいはお屠蘇や雑煮を出すわけです。屠蘇の杯は、多くは土器（かわらけ）を使い、三方に裏白を敷いて、その上に重ねておくのが、古式ゆかしいやりかたです。

役付の家の者の多くは門松を立て並べ、家の者はみな夜明け前には起きて、それぞれ新しい着物と上下を着け、午前六時ごろより奉行所に行って挨拶します。それから諏訪、松森、伊勢の三社を回り、また、お世話になっている家へ新年のお祝いに伺ったりします（十二月二十一日に、家ごとに名札を置いておきます）。

商家の中でも、裕福な家は門松を立て並べたりもしますが、多くの家は質素を守り「打ち付け松」といって、松の枝を戸口の左右に打ち付けて竹を立て添え、〆飾りをしています。〆飾りはどれも、門松とおなじような感じです。とはいえ、どの家も先祖からの様式があって、根曳きの小松に竹を添え、その左右に輪状の〆を掛けることもあれば、大きな〆を曲げて中に飾りをして家の門先や玄関などの上に掛けるものもあって、一様ではありません。門松は薪を束ねて根を固め、あるいは笹の葉で垣根を造り、または萩を揃えて根を囲って、左右の垣根にしたりもします。（〆飾図は一四頁）

〆飾りは、包んだ米と塩、海老、橙、炭、昆布、串柿、裏白、ユズリハなどで作ります。冬からこの月にかけては、かねてから憎らしく思っていた家に、夜分、誰ともわからない者が松飾りを引き下ろしたりという嫌がらせをすることがあります。また、子どもたちが柿や昆布などを狙って取ったりもするのですが、どちらも、長崎のよろしからざる一面です。

商家は、前夜の取引で徹夜しているので、元旦はまだ夜中のようです。門を閉ざしてしまって、誰の挨拶も受けない家が多いです。

最近この町の人たちは、気分がボンヤリすることがあると、「元旦状態だ…」と言い表したりするのですが、これはこの「商家の人が徹夜した気分」に喩えているのです。

この日は、一年中使う道具たちの恩に報いるということで、どの家も家財を使うことなく休めます。お金も、一銭も出さないように慎んで、物を買うことはしません。

正月の間は、チャルメラを吹き、小銅鑼や片張りの太鼓を持って囃し立て、町の家々を訪ねて祝う者たちがいます。家々からは、小銭の包み（六～七文から十四～五文くらいまで、その家の懐次第）を与えます。以前、チャルメラ吹きたちは刀を持たず、古い袴を着ていました。ゆえに、役人たちの袴の着こなしが悪いと「チャルメラ吹きの袴」と言われてしまうのです。いつのころからか袴は着けなくなり、ここ三～四年前くらいからは、ただ羽織だけを着て廻っているので、そうみっともなくもなくなりました。

ただし、長崎ではチャルメラ吹きの家が決まっていて、勝手に吹いて廻ることは禁じられています。これは唐人が亡くなった時、遺体を寺に送るまでの道中、チャルメラを吹いて付いていく専門家が以前から世襲となっており、唐人が毎年これに出した謝礼金を、長崎会所を通して受け取っていたのです（置銀といって、年に銀百目ほど）。それで、役株ができたのだと古老から聞きました。

船江の非人たちが（船江とは、俗にかっくい原と呼ばれています）、二〜三人ずつ一組になって、みんな編み笠をかぶり、家々の門に立ち寄って、歌を歌います。俗に「やわらやわら」と呼ぶのですが、これは歌の歌いだしの言葉です。また非人の女の子が黒い木綿で顔を覆って槌を振り、大黒舞や「松尽くし」などを歌ったり、恵美須や大黒の格好をしてやってきては、米を乞うのです。

三ヶ日あるいは五ヶ日の間は、天秤、帳箱、搗臼などの家財道具、浴室や便所などに、夜、灯火を掲げます。

唐館では、唐人たちが部屋の額を新しく張り替えたり、船主や脇船頭、総代たちの部屋を、それぞれ赤い紙の名札を持って訪ね、お祝いを述べます。

丸山町、寄合町の遊女たちも、この朝は雑煮を食べ、それぞれが年の餅などを飾り、この夜は客を迎えることはしないそうです。この月の二十日まで、遊女屋の恵方棚にいろいろな衣装の裁ち切れや、金銀の紙で作った折り鶴などをあしらい、たくさんの餅を花柳に結びつけて飾り立てているのは、すばらしく美しいものです。それなので、夜になると「恵方棚見物」といって、町の人々がたくさん訪れるのです。

二日

市中では元旦とおなじような挨拶が交わされます。また小商いをしている人々は「商い初め」ということで、大人子どもに限らず、暁にかけてナマコを売り歩きます。その声は午前四時ごろから大きくなるのですが、家々ではこれを買い整えて、この朝のなますに加えます。値段の交渉はせず、（ナマコ売りを）家に呼び入れて器を出せば入れてくれます。買う人は、十二文、または十三文と、その年の月の数の通りに紙に包んで渡します。これは、古来よりの長崎の風俗なのです。

ただし長崎の人たちはナマコのことを、多く「たわら（俵）子」と呼ぶのですが、それはその形が米俵に似ているところから名付けているのです。ゆえに、二日を商い初めといって、すべての担い売りの商人が「たわら子」を売るのは、売り買い双方が、みな米俵にまつわるものであることを踏まえています。

寄合・丸山両町の遊女屋へは、常日頃出入りしている魚屋たちが、毎年おめでたい習わしとして、夜、門を叩いてナマコを持ってくるので、祝儀として銭百文ずつを包んで与えるそうです。

家々では暁に起きて、店先には葦の御簾または竹の簾を垂れ、みな賑やかに過ごします。子どもたちの遊びとしては、破魔弓、双六、猫貝、手鞠、羽子板、紙打などがあります。貧しい者たちは、すぼ引、よせ、けし、かんきり、かろば、筋うちなどして楽しみますが、博打に似ているると言って、これを厳しく禁ずる親もいます。（※以下、二二一〜二二三頁「子供の遊び」参照）

唐館では古来より「水かけ」ということがあります。船の「火の元番」たちが、冬から踊りを練習しておいて、早朝から笛や太鼓、銅鑼を叩き、土神堂や関帝堂、唐人の部屋の前などで踊ります。踊りは風流（長崎では俗に獅子舞を『ふりゅう』といいます）や今様の踊りなど、毎年おなじというわけではありません。この時、船の船主、財副、惣管といった人たちが、思い思いに遊女と一緒に出てきてこれを見物している様子は、長崎ならではの奇観と言えるでしょう。

唐館の船頭の部屋の多くは、多くが二階の隅にあり、外向きに「かけ（※ベランダ）」が作られており、これを「露台」と呼びます。見物や涼む時などは、この台に毛氈を敷き並べ、椅子を立て、寄りかかって眺めるのです。また「火の元番」というのは、入港した唐人たちが上陸した日から、館内の水汲みをはじめとする下働きとして、唐人屋敷乙名のほうより一人、唐人番より一人、宿町より一人、全部で三人ずつ、その船が出港するまで唐館に派遣される人のことです。一般的には「部屋付」と呼びます。

三日

年始の挨拶は元旦とおなじ。

盲僧などが川柳にお守り札を結びつけたものを家々に持ってきて、新年を寿ぐことがあります。その時は、三〜四銭を包んで渡します。川柳は俗に猫花柳と言います。

町年寄の踏絵があります。

四日

奉行所、寺社の礼。大音寺（浄土宗）、大徳寺（真言宗）、本蓮寺（法華宗）、青木陸奥（大宮司・諏訪社神主）、同虎丸（左京亮・大宮司の息子）、青木西市（近江介・西山郷妙見社神主）、光永寺（東一向宗院家）、正覚寺（西一向宗）、安禅寺（天台宗・東照宮）、そのほか神職、出家の人々が、それぞれの装束で順列を正して挨拶に訪れます。

これが済めば、市中の檀家や俗縁の家々を訪れて、お守りの札に水引や杉の楊枝などを添え、また、納豆を曲げに入れて配ることもあります。昔から、延命寺のお坊さんは金山寺味噌というものを配ります。これは中国の金山寺から伝わったとされ、家々ではこれを珍味として喜びます。

市中の踏絵が始まります。江戸町、大黒町、今魚町、東浜町、本博多町、島原町、磨屋町、新橋町、大村町、樺島町、榎津町、新石灰町、今町、船津町、袋町、本籠町。都合十六町、絵板は十二枚あります。乙名や組頭、日行使、下日行使、借家総代などといったそれぞれの町の役人たちがすべての家々を廻って絵を踏ませ、そのつど帳面に付け、印を押して宗門改めの記録とします。また、朝絵、夕絵と呼ぶことがあります。大きな町では、絵板一枚踏ませて廻るのに時間がかかるので、朝夕の区別があるのです。以降の日も、すべておなじようにします。

五日

奉行所へ晧台寺（禅宗）が挨拶に行きます。晧台寺は以前、大音寺と順番の争いがあったので、二つの寺の挨拶は別々に受けるようになりました。

本五島町、浦五島町、南馬町、八幡町、掘町、豊後町、本興善町、新町、内中町、小川町、油屋町、東古川町、上筑後町、炉粕町、船大工町、八百屋町、酒屋町、北馬町、引地町の踏絵です。

踏絵の板は十枚で、十九ヶ町の町役人たちが付き添って廻ることは、四日とおなじです。

警備などで刀を持っている者たちやお役所付きの唐人番、町使、散使の家の踏絵もこの日にあります。これにその組の触頭などが付き添い廻って改めることは町家のようです。

六日

町の家々では、〆飾りを下ろして門松を片付けます。十四日のところもあります。ただし、幸木の〆は、翌年の飾りまで外さずにおけば、その年の盗難を逃れるということが言い伝えられているので、そのまま置く家もあります。あるいは松飾りの橙を取って、床の下に投げ入れておいたり、橙を戸口の上やぬかみそに漬けておくと、これまた盗賊に遭わないまじないと言われていますが、家によって違います。また、このころから子どもたちは、イカを揚げて遊びます。

伊勢町、中紺屋町、桶屋町、本大工町、本下町、今下町、勝山町、今紺屋町、出来鍛冶屋町、今鍛冶屋町、本紺屋町、西古川町、下筑後町、西中町、諏訪町、今石灰町、後興善町、新興善町、東築町の踏絵。

右の十九町、絵板は十九枚。

この日から近郊の子どもたちは、七草を採って売り歩きます。家々ではこれを煮て、まな板の上に揃えておき、そのかたわらに火箸、飯杓子、すりこぎ、菜包丁、せつかひ（すり鉢の内側に付いたものを落とす道具）、金杓子、火吹き竹の七種を乗せて、午後三時ごろから恵方に向かい、菜包丁の裏でまな板を叩きます。これを叩く拍子があるのですが、うまく書き表せません。実は、一刻ごとに叩いて暁に至るというのが昔からのならわしなのですが、人々はもはや怠けてしまって、夜通しこれを叩くなんて人はまれです。また「唐の鳥と日本の鳥と渡らぬ先に」という決まった呪文があり、これを唱えながら叩きます。ある人が言うには「唐土の鳥が日本の土地へ渡らぬうちに」ということだったのが、間違って伝わっているそうです。しきたりに厳しい古老がいる家ではこれを真面目に唱えるのですが、どちらにしてもつい笑ってしまうようなものであります。ある本には、この日に唐土から鬼車という悪い鳥が渡ってくるので、家々では門を閉じて灯火を消し、これを防いでいるのだとありました。七草を叩く時にあの呪文を唱えるのは、この鬼車の鳥を忌む気持ちからなのだというのです。また唐土の鳥とはツバメのことだという説もあります。ただし、老婆や婦女に伝わっている説ですので、その証拠はありませんし、これがどういう意味なのかはわかりません。

七日

俗に「七日正月」と呼び、家々ではなますを作り、七草雑炊を煮て、神棚、恵方棚、仏壇などにお供えをして祝います。

恵美須町、桜町、西築町、西浜町、金屋町、東上町、麹屋町、銀屋町、本古川町、本紙屋町、大井手町、西上町、古町、出来大工町、外浦町、平戸町。

全部で十六町、絵板は十枚。

寺社とその家の者の踏絵がはじまります。遠見番の踏絵もこの日にあります。

この夜、本蓮寺下の船津浦の男女たちは、家に集まって「番神ごもり」をします。宵のうちから各々声を揃えて題目を唱え、夜半過ぎれば酒を飲んで様々な余興を披露し、夜が更けるまで題目を唱え、夜が明ければ家々の〆縄を浜に持ち出して焼きます。これを「鬼火」と言います。また、五月に籠ることもあったり、不定期に行われているようです。

八日

今博多町、材木町、東中町、新大工町、万屋町、本石灰町、今籠町の踏絵。絵板は七枚。

丸山・寄合両町、皮屋町の踏絵があります。(皮屋町は長崎の西にある穢多町です。)丸山・寄合町の踏絵は、遊女たちが美麗を尽くして行うので、以前は市中の遊び人たちが変装して顔を隠して見物に出かけたものですが、あるとき群衆の者たちが町役人と口論になって以来、見物人がやや減ったようです。

九日

「松囃子」といって、以前は諏訪神社で能がありました。今はその儀礼だけが残って、能太夫または社家、社用人たちが拝殿に幕を張って囃子をしています。年によっては舞をすることもあります。

銅座跡の踏絵。銅座跡は以前、銭を鋳

造していたところで、現在は人家が建ち、築町に続く町とみなされています。各町の乙名から二名ずつ係を務めます。

唐館の部屋付きの者たち（火の元番）が、唐館の乙名部屋で踏絵をします。絵板は部屋付きの担当の町から、役人が付き添って持ってきます。

十日

俗に「十日恵美須」といって、商家では恵美須棚へお神酒を供え、互いに訪問しあってお祝いします。

丸山・寄合両町の遊女屋では、遊女たちが集まってお酒を飲んで大騒ぎします。郭もこれを許して制することはありません。また、年季が明ける遊女は、この日に暇乞いの杯をすることがしきたりです。

御船頭、武具預かりの者たち、その家の者たちの踏絵があります。代官の手代が、見届けに付いて廻ります。以前は十一日にありました。

十一日

「鏡開き」。市中の家々では、神棚、仏壇その他の家財などに供えた鏡餅を下ろして善哉餅とします。また「帳祝い」といって、商家などでは新たに帳面を仕立て、表題などを付けて祝います。

荒神棚の餅は、多くが十五日、または二十八日に下ろします。いずれも家々のしきたりがあります。

このころより「夜分女中礼」が始まります。婦人たちはそれぞれにおしゃれを尽くし、召使いには箱提灯を灯させ、お供を引き連れて親類縁者、近所の家々を回り、新年の挨拶をします。包んだお茶を入れた硯の蓋と、いろいろなふくさを下女に持たせて、行く家ごとに渡します。また「とし玉」といって、紅粉茶碗、白粉、鬢つけ、元結い、洗い粉、刻みたばこ、手まり、筆、紙、墨などを、子どもがある家々にはそれぞれに見合うようなものをお茶に添えて贈りあうことがあります。これは常日頃から特に仲良くしている人だけに贈ります。また、この行事は、既婚者に限ることで、娘が出ることはありません。もし既婚者でなにか差し障りがあって出ない人は、月の末に下女にお茶だけを持たせて使いに出します。あるいは冬の間に新婦をめとった家では、この月を待って、姑が嫁を引き連れて廻ります。

下女

市中の男子たちは、夜に女中礼を見ると、だれもかれもが松の葉を持って召使いの髪に打ちかけ、いやがるのを喜びます。六、七日の夜より廻る婦人たちもいますが、これはまれです。

新婦の茶は、包みの右上に切り熨斗を

用いることがあります。上包みは、多く杉原紙を二枚重ねたもの。紅で落ち松葉、海老、梅の花、折り鶴、三ツ星などの絵型を描く。お茶はこの中に小包にして入れます。

茶を包みたる図

㊫

十三日

三ヶ村の踏絵が始まります。三ヶ村とは、お代官高木作右衛門の支配する所で、長崎村、浦上村、山里村（含む淵村）の各村です。野母村、高浜村、川原村、茂木村、日見村、古賀村、樺島村の七つの村は、そのあと追々に踏絵があり、お代官の下役たちが巡回します。

十四日

奉行所や岩原屋敷、代官所、その他諸侯の蔵屋敷などでは、門戸や玄関の上に削りかけを吊ったり、鬼木を立てたりします。ただし市中では、役付の家でもこれはしません。

この夜より十五日の夜までは、「もぐら打ち」といって、町の男の子たちは、門松に添えられていた竹を取っておいて、図（三〇頁参照）のように作り、家々の門口にやってきては、踏み石を打ちます。（踏み石は俗に『ぎんば』と言いますが、方言でしょう）その時は「もぐら打ちは科なし、ぼうの目、ぼうの目、祝うて三度、しゃんしゃんのしゃん」と言って打ち止め、家に入り、お金をねだります。もしお金を渡さなければ、また帰りに踏み段を打ち、「打戻せ打ち戻せ、一まつぼう、二まつぼう、三まつぼう、四まつぼう、鬼子持て子持て」と言い捨てて、またその隣の家に行くのです。

ただし、これはただ貧しい家の子どもだけがするわけではありません。ゆえに昔はお金をねだることもなく、ただ家々の「ぎんば」を打って戯れとするだけでした。いま、家々に入ってお金をねだることは、世の中の悪い流れによるものなのか、あるいは長崎の風俗の良くないところでありましょう。

この日、子どもたちは、市中の家々で下ろした〆縄を貰い受けて、諏訪神社の焼き場に担いでいってこれを焼きます。焼くときには銘々が「鬼の骨、鬼の骨」と唱えます。

丸山、寄合の遊女屋でも「〆下ろし」といって祝日に定められており、遊女たちはお客を迎えて、とても賑わいます。

おなじ日、長崎から一里ほど西にある小瀬戸（代官支配地）という浦で「尻たたき」ということがあります。姑が新婦を引き連れ、親類縁者の家を回るのですが、道すがらには老若の男たちが鬼木を持って集まっており、新婦の尻を叩こうとするのです。その時、さらに二～三人が現れて新婦をつかまえます。新婦のほうでは、これをご祝儀であるとして団子を作り、酒の肴を整えておいて、彼らを招きます。新婦がやってきた家では、正月十四日にするのが古式だそうです。

十五日

役人たちは、朝七時ごろから奉行所に行き、良き日を祝います。(※以下『佳日を拝す』『節を拝す』は、これと同様の行事です)

家々ではなますを作り、小豆のお粥に餅を入れて煮、神前や仏前などに供え、またこのお粥で門戸や家の柱の所々にお札を貼ります。また、多くの荒神の前の大釜の上に供えていた、三つ重ねの大鏡餅を下ろします。あるいは二十八日になるのを待って、小餅の鏡と引き換えて下ろす家もあります。

この夜、福済寺(下筑後町の山手にある漳州寺)の観音堂で「ロウソク替え」という行事があります。俗に「しょんがん」「しょむがん」と言います。これは「じゅんぐわん」という中国語が転じたもので「じゅんぐわん」は「上元」であると言います。その作法は、日暮れごろより、お堂の仏様の前のロウソク立てに、唐ロウソク数千本を立てて火を灯しておき、市中から参詣にやってきた人たちは、自分で和ロウソクを持ってきておいて、手前から、唐ロウソクと替えます。次々にやってくる参詣の人たちが、元々のロウソクと新しいロウソクを引き換えて持ち帰る様子は、まるでロウソクが階段を昇っていくようです。これは何のためなのかというと、この夜、お寺ではお経が上げられ、仏前にロウソクが灯されているので、もし家に病人などあるならば、枕の上にこれを掲げることで、ご祈祷になるというのです。ゆえに、昔から参詣する人同士、肩がぶつかりあうくらい競って替えるというのですが、これが中国の風習であるのかどうなのかはよくわかりません。ただし午後五時ごろに始まって、夜の九時くらいまでには終わります。お堂の中では、お坊さんが銅鑼や磬(ケイ　※楽器の一種)を打ち鳴らしています。

夕方から、長崎の近郊では、竹を焼き、それが「はくひつ」と音がするとき、子どもたちは同時に「鬼の骨」と唱えます。これより俗に「鬼火」とも呼びます。思うに、我が国で広く行われている「さぎちょう」というものでしょう。「三几張」とも書きます。これは昔から、市中では行われていません。

唐館では「蛇踊り」があります。唐人たちがハリボテの大きな蛇を作り、夜になってその体内に灯を灯して、館内をぐねぐねと回るのです。船主や財副の部屋では、露台に毛氈を敷いて、数十の灯をつけて賑わいます。市中の女子供たちは、稲荷岳(館内の上、長崎の町の南のほう)や、小島郷の山手に登ってこれを見物します。これまた毎年のことです。

十六日

諏訪神社では、「百手の神事」ということがあります。社記を見るに、これは門戸におられる神、クシイワマトノミコト、トヨイワマトノミコトのお祭りでありましょう。（この二神は、俗に矢大臣、または矢五郎さまと称します）毎年この日、礼を尽くしてこの神様を祭るのです。お供えは白羽の矢を二百、黄白の餅を二百、お神酒を二瓶、これを本殿の内陣にお供えし、社人たちは祈りを捧げ、神楽を舞う二人が弓矢を持って矢大臣の前に行き、左右に拝して湯立て場に行って的を立て、左右それぞれに射るのです。この行事が済んだのち、神宝蔵の前後の窓から百手の矢を投げ出すと、参詣した男たちが群れ集まって争い取ります。これを名付けて「矢ばかい（『はかい』は方言）」と言います。取った矢はそれぞれの家に持ち帰って神棚に納めれば、一年の邪気を払うといいます。それから神主の家では、若餅百個が玄関より撒かれます。これをまた、参詣の人々が争い取って、お神酒（甘酒を器に入れておいて、ひしゃくを添えておきます）も我先にと頂戴するのです。言い伝えでは、この餅を取った人は、一年の幸せを得るそうです。餅の異名が「福」というところから起こっているのかもしれません。

注：矢は粗櫛（あらぐし）を割って、羽根型の紙を挟んで作ります。

「藪入り」といって、奉公人たちはその主人に暇を乞い、故郷の家に帰ります。また、市中の下流のものたちは、男女が集まってお金を出し合い、宴会をし、歌って踊って今風の三味線など弾いて楽しんだりもします。

十九日

諏訪社で「清祓の神事」があります。社記を見るところ、これは疫神のお祭りだそうです。夜に入ってから行われます。もともとこのお祓いは、吉田（※神道）の疫神祭りの清祓いの作法にならって勤めます。明暦年間（※一六五五―一六五七）より、毎年の節分の夜に大祓をするのですが、これを除夜の大祓、あるいは年越しの神事というような行法、清祓いとおなじように、節分の夜から中門の渡り殿の前に八角型の塚を建てて、ヤツデの〆縄を引き、榊を立てます。これを疫神塚、また疫塚と呼びます。中央にお祓いの棚を作り、左右に高机を据えて、机それぞれに幣帛を立てます。また様々の供物があり、行事のあいだはかがり火を焚いて、本座、縁座、三段の行法、八方拝などの品があります。ただし疫塚を建てるのは節分の夜から正月十九日までの間です。（以下、節分の項）

二十日

俗に「二十日正月」といって、家々ではなますを作り、餅のくずを赤飯にして、神棚、荒神棚などにお供えします。「煮込み」といって、身分に関わらず、前の夜から「幸木（詳しくは十二月の項にあります）」の鰤の骨や頭、大根、ごぼうなどを取り混ぜて煮て、この日の珍味とします（大豆は節分の夜の豆をとっておいて、これを入れます）。もし来客があれば、まずこれを出してお祝いします。

　ただし婦女子が言うところでは、煮込みはこの月の魚や野菜の切りくずを取り集め、食べものを無駄にしないようにということを、恵美須神さまの戒めとして昔から伝えているとのこと。また、この日の煮込みは銘々が腰に箸を差して七カ所を回る…すなわち七つの場所で食べると良いと言うのです。ゆえに、近郊の人々で、初めて市中奉公に出て来たような者を、家の娘たちが集まってそそのかしておき、家の主人の親類縁者のところへ箸を差して行くようなことがあれば、笑い者にするのです。しかしいまどきの人々は誰もかれも知恵がついてしまっているので、騙される人は百人のうちの一人、二人でしょうか。

　この日をまた、「二十日恵美須」ともいって、稲佐郷（代官支配地、淵村）の恵美須社へ参詣することもあります。以前は市中の老若男女が小舟を浮かべ、あるいは数十艘の屋形船で思い思いに遊女などを連れ、楽しんでお参りしていたものですが、十七、八年前に遊女町の出口の船大工町で、悪たれどもが両町の者と口論しはじめ、遊女たちが通行することを差し控えるようになってから、市中からの参詣も衰えました。それから現在に至ったままで、遊女を連れた船もありますが、昔に比べると物の数になりません。いまはただ、信心深い商家の人たちだけが集まります。

　この日も「紋日」として、両町の遊女たちは競って客を迎え、昼も夜も賑わいます。町の人の中には、夜、踊り浮かれながら花街に出かける者もいます。

二十五～二十六日

　この日ごろは、特に町々の西国巡礼者たちが出発する日として、いずれも御詠歌を唱えながら市中を回り、家々より米を貰うことは、まるで修行僧のようです。町の知り合いの男子はみんな、晴れ着を着て列を整え、巡礼に行く人の後に付き、おなじように御詠歌を唱えます。旅立つ人たちは、この付き添いの者たちが多いほど良く、女の人たちも負けじと衣装を借りてきては、分不相応のおしゃれを尽くして桜馬場（町の東のはずれにあって、日見村に至る道）の八幡社のあたりの茶屋で送るのです。いずれもひとつの町ごとに酒や肴、いろいろなごちそうを持ってきて、別れの杯を交わします。以前はこの見送りの帰りに、両馬町（北馬町、南馬町…ひとつの町を、左右で南北に分けています）の通りでは、三味線、太鼓、笛でさまざまな芸を披露し、旅立った人の家で騒いでいたのですが、ご改正（※

寛政の改革）のあとは質素を旨とし、それはやや静まっています。

二十九日

この夜は、座頭や瞽女たちが「籠り講」として、諏訪神社の拝殿に集まり、夜を徹して三味線と琴を弾き、神前に手向けます。市中の老若男女でこれをたしなむ人たちは、それぞれに酒や肴を持ってきては、聴き入って楽しむのです。

（正月、五月、九月にあるようです）

この月の初めの辰の日には「辰の水」といって、一人が塩田子に塩を入れて屋根に上がり、「辰の水　辰の水　辰の水」と三遍唱えて、持っている塩を屋根の棟に打ちます。このまじないをする人は、この年の火の難を逃れるというのですが、すべての家でするわけではありません。

節分の夜は、家々でなますを作り、神棚、恵方棚、そのほか家財道具、浴室、便所などに明かりをつけておき、黄昏を過ぎるころ、「最初の暗闇」と言って、灯してあった家中の明かりを全部消して、豆まきを始めます。この豆は二合でも三合でも、量は問いません。「年男」といって、金持ちは出入りの者、普通あるいは貧乏な家は、家の主が一升枡に入れた豆を持ち、まずは恵方棚、神棚に向かい、とても小さな声で「福は内」と三回唱え、それから大きな声で「鬼は外！」と唱えます。家の部屋ごとにおなじように回り、また、庭に降りて、外に向けて打ち出します。家によってやりかたは様々ですが、これが終われば祝い酒です。俗にこの夜の大豆は、いつもより強く煎ると良いと伝えられています。このことを女たちは昔から言い伝えられているだけで、意味を知る者はあまりいません。私見ですが、「赤くて丸いもので災厄や鬼を追う」という話が「文選六臣注（※中国の詩文集とその注釈書）」に詳しく載っているのを見ると、昔から大豆を「赤くて丸いもの」に見立て、煎り過ぎを良しとするのではないでしょうか。

この日は紅大根という赤い大根が売られているので、家々ではこれを買ってなますに刻んだり、生のまま輪切りにして台に盛り、かたわらに塩を添えて、この夜の第一の肴とすることは、家の大小に関わらず、古来からのしきたりです。これは、退治した鬼の手に見立てた物だと伝えられています。

年の内の立春も、そのやり方はおなじような感じです。この「年豆」を蓄えておいて、二十日正月の煮込みに入れる家もあります。

また、初めて雷が鳴った日に食べれば、一年中、雷を避けると言い伝える人もいて、その真意はわかりません。

この日の暮れごろには、一年使ってきた火吹き竹の口に紙を詰め、子どもや使用人たちが、これを門口より外に投げ捨てるのですが、投げた先は絶対に見てはならないとされています。これがまた、昔ながらのことで、どうしてこうなのかはわかりません。ひょっとしたら、火吹き竹は一年の間、ふーふーと気を吹き入れ続けた物ですから、それを邪気に喩えて投げ捨てるという意味なのかもしれません。いずれにせよ、これを誰かが拾うということは禁じられているのですが、その多くは非人や乞食といった者どもが拾って薪にするのです。

この夜は「厄払い」といって、山伏などの宗教者たちが貝を吹き、鈴を振り、あるいは錫杖を振り立てて、町中を「厄払い、厄払い」と触れ歩きます。もしお祓いを頼みたければ、小銭を包んで門先でお祓いしてもらいます。また、三味線や太鼓、笛を囃し立て、踊ったりしながら、寿ぎをする人がいたり、へぎに塩を詰み、あるいは白鼠の作り物などを持って家々を回り、お金を乞う者もいます。塩を持ってくる人たちは皆「恵方から潮が満ちて来ました〜」と言いながら差し出します。このようなことは、ただ卑しい者たちの稼ぎというだけでなく、遊び人たちが戯れにその姿を真似して顔を隠し、若いお嬢さんのいる家をつぶさに回って顔かたちを確かめ、お嫁さん探しのたすけにする場合もあります。

諏訪社では天下一統百鬼の夜行を祓って、鬼やらいをします。その百鬼が散り散りにならないように、疫神所に封じ込めておいて清祓いを行い、疫神を祭り、塚を捨てるというのです。あるいは、厄年の男女が清祓いに参拝すると、厄難を避け、疫神も除かれるといいます。拝殿では（家々の）神棚とおなじような豆まきがあるので、町の人々は上下を着たり、あるいは平服で参詣します。諏訪社の年豆は、例年、土製の八分大黒を三勺ほど入れ混ぜているので、卑しい者たちはみな争って神社に集まり、豆を拾います。この「大黒」を拾い当てた者は、その年の福を得るといわれています。

二十五日

「御忌」といって、大音寺で法会があります。（大音寺は御朱印地の浄土宗の寺で、今籠町の上にあります）

二十六日

「二十六夜待ち」といって、親類縁者が集まって琴や三味線を弾き、この夜の月が出るのを迎えます。どの家でもするというわけではありません。

この夜の月を迎えることは、正月、五月、七月、九月、十一月にあります。人はみな、暑さを避けて涼むのにいい時期には、諏訪神社の長坂で月を見るのがいちばん良いとして、夜になるとここに来て月を待つのです。月が出るまでのあいだには、子どもたちが手を叩いて歌を歌ったりして賑やかです。

二十八日

諸役人は佳日を拝します。各人上下を着用。下役も同様です。

　総じてこの月は「家祈祷」といって、神主や導師を招いて祈祷をします。俗に「じしん（※地鎮）経」といって盲僧を呼ぶ家もあります。「じしん経」は枡の米に御幣を立てて机に置き、経文を唱えて琵琶を弾きます。その米は一升と決まっています。読み終わったあとは、お供えした米に百文を添えてお札とします。

　毎年の正月、五月、九月にしますが、（※引っ越しに関する）卜居祈祷については、決まった日取りはありません。


　この月の末ごろには、毎年、寄合町の京家、引田屋、角越後屋、中の越後屋の遊女たちが豪華な衣装を着飾り、市中に列をなして参拝に出るということで、見物の男女が群衆をなし、道を差し挟んでこれを眺めます。もっともこれは太夫がいるような店だけのものです。

　諏訪神社、松森神社、伊勢神宮にお参りし、西山郷の千秋亭というお茶屋さんに寄って、昼ごはんなどを食べるのです。


　長崎の北に岩屋山という山があります。大村藩に属し、長崎の町からは三里ほどの道のりです。一月の初めから十五日までの間に頂上に登れば、その年の運気がとても強くなるというので、市中の男女はみんな誘いあって参詣するのです。これがいつのころから言い伝えられているのか、古老も知りませんが、ある人などは「誰かが戯れに人を騙してみたことが、ついには『本当』となって、みんなが聞き伝えて参詣するようになったのが、この二十二～三年のことだ」と言います。

　この山は、昔は修行の坊がたくさんあって栄えていたそうで、その頂上に登る道は険しく、「稚児落とし」などという場所があります。昔は魔所であり、女性が登ったりはしなかったのですが、瀬戸の「はつえん」さんという人が登ってからは、女の人も登るようになったということです。

　ただし！　私が十七、八歳のとき、友だちと一緒に参詣したのですが、ふもとの門のかたわらに、寺の主が札を立てていました。それには「この山に参詣する方々！　十五日までと思われているかもしれませんが、今月いっぱいは大丈夫なのですよ！」と書いてあったので「そりゃ坊さんはそういうことにしたいよなぁ」と、みんなで笑いながら行き過ぎました。果たして！　その「お札」の徳が現れたのでしょう、いまでは十五日過ぎ、月末までは参詣する人があり、坊さんたちはしっかり儲かっているのです。

二月

一日
　諸役人は佳日を拝します。
　この月初めての午の日には、あちこちの稲荷社で祭礼があります。社殿ごとに青、黄、赤、白の旗をひるがえし、参詣者はそれぞれに赤飯を炊いて供物を献じます。家などに安置されているお稲荷さんも、おなじようにお祭りをします。（とはいえ長崎では、すべての人が稲荷を信仰しているわけでもありません。）

二日

毎年、唐人屋敷で「唐人踊り」があります。

六日ごろより、七ヶ村の踏絵が始まります。七ヶ村は、日見村、古賀村、茂木村、川原村、樺島村、野母村、高浜村です。この中にはさらに、網場や田上、飯香浦、宮摺などの小名があります。いずれも代官所の支配地なので、代官の手代、足軽などを引き連れて回ります。

十五日

諸役人は佳日を拝します。

「涅槃会」。お寺では堂内に大きな涅槃像を掛けて香と花をお供えし、たくさんの人がお参りします。

古老が言うには、その昔、絵師が禅林禅寺（八幡町、寺町の内にあり）の涅槃絵を描いていたところ、毎日、猫がかたわらにやってきて立ち去りませんでした。身をひそめて、頭を下げて、なにか物を思い、感じている様子だったそうです。絵師は心動かされ、ついに涅槃絵にその猫を描き加えたところ、いつしか姿は消え、ふたたび来ることはなかったというのです。いまの世になっても、みんなこの話をして、「不思議だね～」と言っています。というわけで、長崎にあるお寺の涅槃像の中で、この寺のものがいちばんいいということになっているのです。

彦山の祭礼。長崎の東にあり、雅名を峨眉山といいます。中国の峨眉岳に似ているので、唐人たちが名付けたのです。以前は参詣する者が多かったのですが、いまはやや衰えているようです。

二十八日

諸役人は佳日を拝します。

二十九日

このころまで、酒屋町、袋町、本紺屋町、材木町の通りには雛見せが出ます。夜、見物の人が大勢です。

この月より四月八日までは、子どもたちは町のあちこちでイカを揚げて楽しみます（方言ではハタと呼びます）。天気の良い日は金比羅山（長崎の町の北にあり）、無凡山、瓊杵山、瓊山ともいいます）、風頭、茶臼岳（二つの山とも町の北部）というようなところへ弁当を持ってでかけて、イカを揚げるのです。イカの作り方は一通りでなく、ばらもん、剣舞争、兜婆羅門、入道バタ、奴ハタ、百足バタ、蝶ハタ、障子ハタ、日本ハタ、あごバタ、蝙蝠ハタ、蜻蜓ハタ（トンボ）をへんぶうと言います。方言です）、あるいは桐に鳳凰、海老尻、天下太平、または天一天上大吉などの文字をあしらうものなどがあります。図に挙げておきます。（※六二、六三頁参照。底本には他に『婆羅門』『青ばらもん』『劔舞争』『蝶は た』『海老尻』の各図あり）

また俗に「つるわかし」ということをします。ガラスの粉をとても細かく砕いて糊に混ぜ、これを二十、三十、あるいは五十、六十、百間といった長さで糸（ヨマ）になすり付けたものを日に乾かしておいて、イカを揚げるのです。これを「ビードロヨマ」と言います。もっとも、手に持つところは、普通のヨマです。これを「根ヨマ」とも言います。対戦相手と町をへだて、谷を挟み、風に乗せてお互いに掛け合うのですが、上手い下手があります。雲の中でヨマとヨマがこすれあい、先に切れてしまったほうが負けです。この勝負をする時は「あごハタ」が強いです。ハタ揚げは、子どもだけでなく、大人もまた暇さえあれば勝負を楽しみます。

本来なら、ハタ揚げは子どもの遊びであって、大人が楽しむべきことではないでしょう。しかし我が長崎の人々は、その多くが家の仕事を放りだして、この遊びにどっぷり熱中するのが常なのです。というわけで、元々は遊びだというのに本気で喧嘩してけがをしたり、田畑を踏み荒らして争いが起こったりして、奉行所沙汰になることもあります。これはよそではないでしょうが、我が長崎では昔からのことで、春になれば（ハタに）お金を使い果たす人も少なくないのです。ことさらハタマニアは、ハタ屋さんに帳面を作っておいて、金に糸目を付けず勝負するのですが、ひどい人だと一日に一貫文、二貫文にものぼり、これはもう長崎中の「無駄金」を数えたら、いったい幾らになるのでしょうか、やれやれ。

三月

一日

家々では草餅をついた団子を菱形にして、お重に入れてお互いに配ります。お重の蓋には桃の花を添えるのがお決まりです。女の子のいる家では、雛人形を並べます。飾りかたは、上中下の壇をしつらえて、この上に毛氈を敷き、前には赤いちりめん、またはカラフルな幕をかけ、真っ赤な「ふき」などで絞り上げます。紫宸殿の前の闘鶏や、公卿や殿上人たちが参内する様子などを模した飾りをしますが、みな一様ではありません。かたわらには箪笥や長持、ほかい（※食物を入れて運ぶ丸く高い器）、挟箱、つづら、黒棚、書棚、皮籠など、ここに書ききれないほどの家財を、思い思いに飾り付けます。下の壇には、大きな花甕に桃や桜、山吹、淀川（※ツツジ）などの咲き乱れたものを生けておきます。

三日

諸役人は午前六時ごろより節を拝し、親類縁者の家も回ります。

初めて女の子が生まれた家では、初節句としてみんな集まり、お雛様の前で酒を酌み交わし、お祝いします。この日は町中の女の子がおしゃれをして、知ってる人も知らない人も連れ立ち、雛飾りのある家を見物して廻ります。そのとき、お菓子やお酒を出して飲ませるので、酔っぱらって興奮した子供たちが道を行き交い、とても賑やかなのです。

初節句の家には、親戚知人たちからも、雛人形や造り花などを贈ります。

四日

この日もまだ「雛めぐり」をする女の子たちがいます。また、男女が何人ずつも誘いあい、瞽女や座頭などを引き連れて、大浦の浜辺あたりで潮干狩りをする者もいます。

大浦とは、大村領で、長崎の南西にあり、詩人などは大浦を「雄浦」と書いたりします。

五日

家々では雛飾りを片付けます。

九日

諏訪社の合殿の森崎権現の祭礼です。以前は能などがあって参詣者が群れをなしていたのですが、いつのころよりか、このお祭りは衰え、参詣するものもまれになりました。祭礼のあとには社壇で音楽が奏され、近ごろでは舞囃子などが催されます。

この夜、金比羅山に参詣する者がたくさんいます。

十日

金比羅山の祭礼。町中からも接待所が設けられ、参詣の老若男女が連れ立って大勢集まります。ふもとの広場には、それぞれが毛氈を敷き並べ、弁当を持って来ては、大人も子供もハタ合戦です。

この日は町のハタ屋たちもやってきて店を出し、ビードロヨマやハタを売っているので、身分の上下も関係なく勝負しては、お金を使います。ま、この土地の欠点ではありますな。

十五日

諸役人たちは佳日を拝します。

十八日

秋葉山の祭礼。秋葉山は長崎の東、中心部より半里ほどの所にあります。

ここに「時雨桜」というものがあります。晴天の日でも、梢から水気を飛ばして、細雨が降っているように着物を濡らすことから、とある詩人が名付けたのです。思うに、山の上から一脈の渓流の清水が流れていて、その流れの音が琴の音のようでもある土地の、いちばんきれいな場所だからでしょう。なおかつ、この祭りのころは、春の着物になるころでもあり、市中の男女、あるいは遊女たちは、それぞれにめいっぱいおしゃれをして参詣するのです。八月十八日にも祭礼があります。この地には天神があり、亀井天神と呼ばれています。

十八日

「浦上山王祭り」。浦上村は長崎の北西にあります。昔はここに山王社はありませんでした。寛永年間の島原一揆の際、松平伊豆侯がここを通って長崎に来られた時に、「江戸の坂本という所の地形によく似ているので、山王社を勧請したらいい」というお沙汰があり、その社を建て、地名も坂本となったのです。

十九日

鳴滝の奥の七面山の祭礼。とりわけ、日蓮宗徒の参詣が多くあります。

鳴滝は長崎の東。村に一脈の谷川があって、詩人たちは「浣花谿」などと呼んでいます。中程に大きな石があって、「鳴滝」の文字が彫られています。これは奉行の牛込侯によるものだそうです。

二十一日

香焼山、弘法大師の祭りということで、男女が船に乗って参詣します。この日、多くは風や波が大きく、参詣の者はまれなのですが、年によって快晴の日であれば、老いも若きもそれぞれ船に乗って詣でる者がたくさんいたということです。

香焼山は肥前領で、長崎の港の西三里ほどの場所にあり、元来「こうやぎ島」という、人が住んでいる島です。

二十三日

豊前坊の祭礼。豊前坊は長崎の東にあって、彦山の隣です。八月二十三日にも祭礼があります。

四月

一日

「更衣の祝儀」。諸役人は節を拝します。

七日ごろからは、家々で竿竹にツツジの花を結付け、軒先あるいは外に立てて釈尊への手向けとします。

この日は浦上村やそのほか近在の花売りたちが、束ねたツツジを売り歩きます。

八日

「灌仏会」。お寺では、「釈迦水」といって、大きな釜にお茶を煎じ、お堂の前には足の高い机を置いて、その上に小さな盥か錫の鉢を置いて、そのまた中に、小さな釈迦の像を立て、お茶を張っておきます。町の子どもたちは、みんな早起きしてこれを汲みに行きます。汲むのは「釈迦水田子（たご、たんご）」という、大きな竹で田子と柄杓（ひしゃく）を作り、あちこちで売り歩かれていたもの。子どもたちは、これを何十杯も飲んでしまうのです。

また、紙を短冊に切って、この水を硯に入れてすった墨で一首の歌を書き付け、裏の戸口や水瓶やお風呂や便所の柱などに逆さまに貼り付けておくと、虫除けのまじないになるのです。ちなみにその歌は、いつ誰が詠んだものかはわかりませんが、昔から「卯月八日は吉日に　髪長虫を成敗ぞする」というものと決まっています。最初の五文字を「ちはやぶる」としたり、「卯月」を「四月」と書いたりもします。はたまた、ナズナの花に、この水を注いで行灯に吊るしておくこともあって、これは小蠅などが、行灯の灯にたからないようにするおまじないです。どれも昔からの言い伝えなのですが、いまだに行う家が多いのです。

釈迦水は、本堂の高机子の上に小堂を作り、僧徒たちは花を摘んで屋根を葺くので、一名を花水ともいいます。

（花水田子の図は六六頁）

十五日

諸役人は佳日を拝します。

二十八日

諸役人は佳日を拝します。

下旬ごろ、西泊、戸町の両番所で「番代わり」があって、港の中の数艘の船々が、太鼓を打ち、櫓で拍子を揃えて賑わします。西泊は長崎の港の西、一里ほどのところ。戸町は港を挟んだ南の対岸にあります。

筑前、肥前とも、藩主が来られた上で交代するので、日にちは遅くなったり早くなったりして、決まっていません。

下旬ごろより、市中の男児たちは、端午の競渡船の真似をして、町を廻ります。「ぱいろん」は中国の古い風習です。

そのやりかたは、およそ二間（約三・六m）ほどの竹に、船の舳先をこしらえ付けて、これを船に見立てます。子どもたちは顔に赤土を塗り、髪にはたとう紙をはさみ、雀笠を着て、竹の左右に付いて「せろ〜、せろ〜わたへ（『わたへ』は『来い』の方言）」と、みんなで声を合わせます。茜色の木綿ののぼりや、あるいは青黄赤白の紙ののぼり、また剣旗に「何町子供中」と書いたものを押し立てて、太鼓、小銅鑼を鳴らして、あちこちの町をお互いに廻ります。ほかの町の子どもたちがこれを見つけると、みんな集まってきてこれを迎えて、お互いにのぼりを出し合い、おなじくらいの年齢同士の子どもが、双方から一人ずつ出て、かけっこするのです。これはもともと船の競漕に由来しているからで、これを「ぱいろん」と呼びます。走りに勝ったほうは、負けたほうののぼりを奪い取るのですが、もし渡さないとなると、子どもたちは折り重なってこれを破ります。こんなふうなので、子どもたちの口論はしょっちゅう。それゆえ、年によっては町の役人たちから固く禁止されることもあります。

さらには、子どもたちが声を揃えて呼び回る掛声の中には、とても下品なものがあり、それを家で聞いていた大人たちが大汗をかくこともあるのですが、これは昔より口伝えによるものですし、どういう詞であるかは、ここにはちょっと、書けません。

（子供ぱいろんの図は六七頁）

五月

一日

諸役人は佳日を拝します。

市中では「端午」の用意として、家々の軒には萱にヨモギを取り添えて葺き並べ、一幅か二幅の木綿ののぼり、あるいは布ののぼりは、いずれも上に家紋を染め出し、下には雲竜や鶴亀や宝尽し、鳴門の模様などをつけます。通常、男の子一人ごとに一対。その下のほうには、甲冑や鳥毛鎗や長刀や台笠、たて笠、青龍刀などの造りものを立て並べます。お金持ちは物好きというかなんというか、五百枚、千枚の紙ののぼりを作り、源平の武者や鍾馗、関羽などの勇猛な人物を描いて、布ののぼりのそばに添えたりもします。貧しい家の人は、木綿や布などは使えないので、二～三十枚の紙ののぼりを立てます。また、これに加えて吹き流しや鯉の風車を作って竹竿の先端に結びつけたりもするのですが、こういうのぼりの下には、鈴が付けられているので、風が吹くたびに勇ましく音が鳴るのです。

三日、四日

家々で小さなちまきを作ります。ちまきは萱のもの、竹の皮のもの、唐あくちまきなどがあります。

ただし、丸山寄合の遊女たちは、小さなちまきを作って、絖（※ヌメ…薄い絹の布）や孺子などの袋に入れ、思うところある客に贈ります。遊び人たちにとっては、これをもらうことが名誉であり、その喜びようは大変なものです。さらにはこれを懐中に持っていれば、運気が強くなるとまで言い伝えられています。

（ちまきの図は七〇頁）

五日

諸役人は節を拝し、町や知人の家などを廻ります。

初めて男子が生まれた家には、三月の上巳のお祝いのように、親類縁者から兜や槍、長刀の造りものを贈ります。

港の沖で競渡船があります。俗に「ぱいろん」と呼びます。「ぱいろん」は「競龍」という意味の中国語です。

船の長さは十五尋または二十尋。それぞれに長短様々な船が造られます。多くは海のそばの町、また、近郊の浦々から出ます。船津浦、かま、馬込、小瀬戸、稲佐（代官所の管轄）、大浦（大村領）、土井首、小ヶ倉（肥前領）などです。
一艘ごとに五、六十人ほどずつ選ばれた大の男が、多くは裸で乗り組み、「とも」には町や浦の印ののぼり、または長刀、あるいは幣を切って立て、銅鑼や太鼓を打ち、互いに櫂を入れて競漕します。両船飛ぶように、波がみなぎり渡る勢い。この海ならではの希有な眺めです。以前は港の中から「川入り」といって材木町の端の下あたりまで漕ぎ入れたものですが、最近では華美で浪費だということで、奉行所より固く禁じられています。それから現在では、漁の祭りということにして、長崎の町中から一里ばかり沖の肥前領の神の島、小ヶ倉のあたりで催されます。市中、浦々からは、船を浮かべて見物する人が老いも若きも大勢で、親しい人の船には酒樽などを贈ります。
（競渡械、競渡船の図は七一頁）
※文化四年頃の写本には「ぱいろんは、汨羅に身を投げた屈原を祭ったことに始まる風習だそうです」という但し書きがあります。

六日
おおよそ五日のように過ごします。もっともこの日は「六日の勝負」と言って、家々では菖蒲湯を煎じて入ります。菖蒲は勝負、ということで、競渡船たちは、六日も勝負をします。
また以前は、市中で男の子がいるところでは、秀郷の百足山の様子や、源平合戦の様子、あるいは水からくりなどを作って、五日、六日の夜まで見せておく家があるので、夜は人々が肩を擦りあわせるくらいの見物の群衆ができたものですが、いまでは人々は質素を守っているので、そんなことも稀になってしまって、寂しいものです。

十三日
例年、「関帝祭」として、唐館の唐人たちが聖福寺に参詣します。聖福寺は上筑後町の山手にあって、唐三ヶ寺（崇福寺、興福寺、福済寺）ではない唐寺で、鉄心和尚が開きました。
またこの日は竹の誕生日といって、竹を好きな人はあちこちから竹を持ってきて家に移し植えます。

十五日
諸役人は節を拝します。

二十九日
八幡町の水神社の祭礼があります。

この月の初めより下旬にいたるまで、家々では「川祭り」として紙ののぼりに「八大龍王」の神名を書き、左右に年月日を、その下にお祭りをする家の名前を書いて笹に結び、甘酒を作ったり、鏡餅や初ナス、ビワ、黄瓜などを井戸に供え、神主や導師、盲僧などに祈りを捧げてもらいます。祭りが終わったら、のぼりや

キウリ

お供えは海に流します。祭りの間、井戸の水を汲むことはありません。

また、町ごとの川祭りもあります。さほど裕福でない家の者たち同士でお金を集めて、木綿の大きなのぼりを作り、杉の丸木を町の四つ角に立てて、銅鑼を鳴らし、のぼりを引き上げるのです。のぼりの上には、ムカデ旗やその他さまざまな造りものが飾られていて、子どもたちは紙の小さなのぼりに、神様の名前と自分の名前を書いたものを持ってきて、この下に並べます。また、そばには水神棚を作っておいて、いろんな供物を上げ、神主や導師に拝んでもらうのは、家々で行う儀式とだいたいおなじです。お金を出した家には、祭りが終わると、鏡餅を小さく切ったものと甘酒が配られます。

この月、近郊では田植えがあります。男女が田んぼで苗を植えているとき、通りすがりの人には、泥を投げつけてご祝儀にします。投げられたほうも怒ることなく走って逃げ、笑って済ませます。

六月

一日

諸役人は佳日を拝します。

市中の家々では、なますを作ります。「氷餅」といって、正月のかき餅を蓄えておき、それぞれこれを台に盛っておいて、お客さんが来るとこれを出して祝います。

この日から「祇園入り」といって、古式を守る家では、早朝からそれぞれに上下を着て、子どもたちを引き連れて祇園社にお参りします。出来鍛冶屋町から新石灰町への入り口は「祇園の道筋」といって、この日から町の左右に榊を立てて〆連を張るので、不浄の者はここに入ることを控えます。

六日、七日

両日は「鮎のご神事」といって、伊勢の宮で祭礼があります。夜にはお参りの男女がたくさんいます。

八日、九日

両日は「九度参り」といって、松森天神で神事があります。

十二、十三日

これより「祇園の道筋」の家々には出店ができて、造り花、ガラスの器、うちわなど、そのほか様々のお面や小間物などが売られます。うちわは多く「肥前蓮の池」のものが名産ですので、売る人たちはみんな、店先で「蓮の池のうちわですよ～」と言うのです。

十四日

奉行所の下役たちが町を廻り、祇園会に際しての取り締まりについて、乙名や組頭、そのほか寺社の面々へ書き付けを読み渡します。これを「町廻り」といいます。

俗にこの日を「四ヶの悪日」と言い伝え、昔はお参りの者もまれでしたが、現在はそうでもありません。

十五日

祇園社に参詣する老若男女が、肩やかかとがぶつかりあうほど大勢集まります。夜がふけるにつれ、旅人や遊び人たちが遊女を連れて浮かれ出て、いろんな小間物やみやげの品々を、女郎や「やり手」や禿たちが欲しがるままに買ったりして、すこぶるご機嫌に振る舞います。あるいは見せ物や芝居小屋などが出て、大いに賑わいます。

以前はこの月の七日から「祇園会」といって、通り筋ではたくさんの店が棚をしつらえ、参詣の男女で賑わったものですが、世は変わって、年も過ぎ、いまはようやく十三、十四日ごろから準備して、商品を並べます。

また「祇園見たし」ということがあり、この月の初めごろから、十五日の前後に至るまで、麺類を煮て酒など飲み、友だちと寄り合って騒ぎます。もっともこれは、どの家でもするわけではありません。

諸役人は佳日を拝します。

十六日

また「四ヶの悪日」と言い伝えて、行動を慎みます。

十七日、十八日

この両日までは、近所の寺主より、祇園会の日程を延ばすように奉行所に願い出るのが通例になっています。なぜかというと、長崎ではこの両日が毎月の清水寺の観音の縁日なので、女の人などは特に二日ともお参りしたりします。すると祇園社も（祇園社は現応寺といい、清水寺と並んで、長崎の南側にあります）さらに二日分潤うというわけです。日延べが許されているあいだ、境内は賑わい、見せ物や追出芝居などもあります。

二十四日

愛宕山の祭礼。愛宕山は雅名を「文筆峰」ともいいます。以前は唐通事の官梅某氏の寄進で、山の裏道に土俵を造り、市中や近在の人たちが集まって相撲の興行をしていたので、見物人が大勢ありました。最近では無くなってしまって、祭りもやや衰えました。

六月二十九日と晦日の両日には、「夏越の祓」といって、諏訪社で神事があります。これは諏訪三社のうち、住吉大明神の祭礼ということですが、小の月であれば二十八日と二十九日にあります。拝殿には茅の大輪を作り、白い木綿を巻いて、社壇の三ヶ所にこれを掛けておきます。参詣した老若男女は、右の輪をくぐっては左に抜け、左から入った者は右のほうに抜けるのが決まりです。（輪に茅を使うことについては、神道の本に詳しいので略します）神社の記録から考えてみると、夏越の祓いの時に茅の輪をくぐった人は、疫病を逃れ、長寿に恵まれるといい、またある説では、これは天と地のめぐりの中で、夏を越えて秋に至るにあたり、「火剋金（※陰陽五行に基づく考え方）」を免れるためである、ともいいます。この日、上下の回廊には、様々な流派による、立て花や砂鉢や投入れなどの生け花があり、見物人で賑わいます。年によっては見せ物や芝居などもありますし、門前から坂の下では「お祓い団子」という串団子や、あるいは榊の枝に赤白黄の小さい団子を刺したものが売ってあって、おばあさんや子どもたちは、みんなこれをおみやげに買うのです。
（おはらい団子の図は八一頁）

上旬ごろより、花火や線香を売り歩く子どもがいます。家々でこれを買い求めておくと、家の子どもたちが眺めて喜びます。

この月のうちに「虫追い」があります。七ヶ村内の百姓たちは、鐘や太鼓を打ち鳴らして、田んぼを廻ります。先頭には藁人形を作り、山伏の貝を吹きながら、鉄砲を打ち放つのです。このとき庄屋も先に立っていて、ひととおり廻り終わったら、藁人形を斬り捨てます。毎年こんなふうに行うのですが、藁人形は、俗に、田にある「実盛虫」を表したもので、イナゴのことです。両方の羽根を背に畳み上げている姿が、鎧武者が「しかの環」に「水呑みの緒」を通し、総角（あげまき）に括り付けている様子に見立てられていて、さらには斉藤別当実盛が虫に化けたものと言われているのです。まったくの作り話でしょうが、雨の夜の話の種にはなるでしょう。

七月

一日

諸役人は佳日を拝します。

この夜より、先祖の精霊の「迎火灯籠」として、家々では貴賤の別なく、裏手の軒などに灯籠を掲げます。

六日

「七夕の待夜」といって、家々では青黄赤白の紙で短冊や色紙を作って詩歌を書きつけ、女の子はおなじ紙で衣服を作って竹竿にくくり付けて立てます。夜になれば、机に鏡餅、そうめん、スイカなどをお供えして、火を灯し、乞巧奠とします。貧しい人たちはしません。

手習いの師範などの家は、この夜に卓袱料理、酒の肴などをととのえておいて、生徒たちを迎え、琴や三味線を鳴らしては大いに賑わい、子どもたちは七夕踊りを踊ります。

七日

諸役人は佳日を拝します。

手習いの者たちは、それぞれに先生の家に行ってお礼を述べ、手みやげを渡します。また、文人墨客たちは寄り合って、詩歌や俳句の会を催したりします。

十日

「千日参り」といって、福済寺、清水寺の観音さまに参詣する婦女子が、夜明けから大勢います。この日に詣でれば、千日参ったのとおなじ功徳があると言い伝えられているので、毎年こうなのです。

十一日、十二日

墓に行って掃除をし、灯籠掛けを造り、花筒、線香立ての竹などを墓の前に立てておきます。

十三日

座敷に壇を設け、その上に菰の編んだものを敷き、仏間の位牌を移して並べます。これを「精霊飾り」といいます。

もし先祖の精霊が、この夜の午前二時ごろに自分の家を目指して来ると信じるような古風を守る家ならば、深夜まで戸を閉めることなく、霊を迎える気持ちをもって寝ないでいることもあります。

暮れごろより、家々の門には家紋を付けた灯籠をかかげます。これを門灯籠と呼びます。霊前にはこの夜、必ず団子や煮しめなどを作って供えます。

また、「棚経」ということがあり、菩提寺のお坊さんをはじめ、どこの者ともわからない坊さんまでもが、案内も乞わないうちから霊前に上がり込んでお経を上げます。これには小銭を包んで与えます。これを総じて棚経と名付けるのはどうしてなのでしょうか。お経を店のように売るという意味なのかはわかりませんが、盆のうちはこのようにするのです。

ただし、一向宗の信徒は特別に壇を設けることもなく、盆の間の先祖祭りは、他の宗派に比べれば、やや大雑把なようです。

十四日

この日からは、盆祭りをする家々では、数々の料理を作って、朝夕霊前に供えます。もっともこの料理はみな先祖よりのしきたりがあって、老婆などがいる家では、きっちりこれを守り、古式を変えることがありません。

さてこの日は、午後四時ごろから、みんなで墓に行って黄昏を待ち、数十の灯籠を灯し、墓前にはスイカや団子や煮しめなどを供えて拝みます。地役人は、多くが麻の上下を、商家の者は平服を着てお参りします。一般庶民は墓場で酒盛りをしたり、勝負事をしたりして賑わう者がいますし、子どもたちは墓で矢火矢や花火を上げて楽しみとします。長崎はぐるりと山に囲まれており、そこに寺が連なっていますから、多くの墓にたくさんの灯籠が灯っている光景は、この地ならではの珍しい眺めであって、ほかの土地にはありません。ゆえに、旅の人たちでこれを初めて見る人で、驚かない人はいないのです。

午後八時ごろになると、灯籠の火も次第に消えて、人々はみな山を下りて家に帰ります。

また、市中には「廻り灯籠」というものがあって、こういうものが好きな人は、ひとつの灯籠を作ってその中に火を灯し、いろいろな人形や蛇の形などを作ってこれを置いておくと、油煙の湯気がこれを回すので、からくりのようでもあり、みんなこれを見て喜ぶのです。

「法界のめし」ということがあります。いずれも精霊の壇の脇に、無縁仏を祀り、いろいろなものを供えます。これを食べる人はいません。ですので、非人や乞食たちが、暮れごろより小さな「田子」や篭を下げて「法界のめしくだされ」と呼んで廻ります。十五日の夜まで、このようなことがあります。

十五日

盆祭りと墓参りは前日とおなじようにします。古いしきたりを守る家では、蓮の葉に乗せたごはんに刺し鯖を添えて、お互いにお中元の祝いを述べます。

この日から翌日の明け方まで、商人たちは四方へ奔走して取引をするのですが、それは大晦日の夜のようです。長崎では昔から、七月と十二月の二回に、商売の清算をするのがならわしなのです。

またこの夜は、旦那寺へお布施を包んだり、医者や手習いの先生などへのお礼、または親類などと互いに刺し鯖やそうめんなどを贈りあいます。初盆の家には、縁者より白い灯籠やロウソク、線香、菓子などを贈り、これを「若精霊」と呼んで志を述べます。

この夜は唐三ヶ寺で「施餓鬼」（俗に『えんきょう』）があって、お堂の前にしつらえた壇を僧侶、信徒が囲み、お経を上げます。終わりには、お供えの饅頭を取って四方に投げます。お経の功徳を、辺りに集まっている餓鬼たちに施しているのだとも言いますが、お参りの人たちが争って取るのが楽しみになっているようです。俗にこれを「饅頭投げ」とも呼び、午後五時過ぎごろから始まって、夜の九時にもなれば終わります。

この夜は古くより、午前一時ごろを目処に、「精霊流し」があります。竹をたわめて船を造り、その上を藁の「こも」で包んで帆柱を立て、紙を貼って帆にします。帆には「極楽丸」や「西方丸」「弘誓丸」、あるいは六文字の御名（※南無阿弥陀仏）、また、七字の題目（※南無妙法蓮華経）を書いて、その時間になれば、お供えをみんな取り降ろして、船に積んで海に流すのです。船にはいろいろな灯籠を灯して、たくさんの線香を立てます。さほど大きくない家や、裕福でない者たちは、隣近所や町内合同で、一間から二間ほどの大きな船を竹と藁で作り、家から持参した灯籠をトモや帆柱などに掲げて、双盤や鉦を叩き、念仏を唱えながら送ります。

流し場は、多くが江戸町の波止場（俗に大波止といいます）や肥前屋敷のあたり（大黒町の佐賀屋敷があるところなので、肥前屋敷の波止ともいいます）で、見物の男女、子どもらが、肩がぶつかりあうくらい集まります。以前は、いよいよ船を送り出すという時、下々の者たちが三味線や太鼓などで囃し立てたり、芸をしたりして賑やかしたこともありましたが、いまは、そのようなことはほとんどしません。

初盆の家では「若精霊」といって、この夜は特に名残を惜しみ、多くは午前二時を過ぎてようやく流すので、午前四時前後までかかります。

古老が言われるには、昔は精霊を流すのに船を造ることもなく、ただ単に供物などを「こも」に包んで海に流すだけだったらしいのです。その後、儒者としても知られた唐通事の盧草拙という人が、ある年、藁で小舟を作って供物を乗せて流したところ、これを見た人々が真似しはじめて、どんな身分の人も船を作ることが、長崎の風習となったとのことです。

十六日

藪入りは正月の時とおなじ。

この夜より今月中は「送り灯籠」といって、家々の格子の中、または裏手の軒に灯籠を灯します。聖霊を送るためです。ただし、門灯籠はこの夜限りです。

十七日

この夜から今月いっぱいは「送り念仏」といって、それぞれの町で、家々から寄付を募って壇を飾り、お供えをしての百万遍があり、これまた精霊を送る儀式だそうです。ただし念仏は、翌朝には止みます。それぞれ夜の明けるのを待ち、細い藁船を作って鐘を叩き、海に流すのです。町々みなおなじようにします。

この日、野母村では「焼酎踊り」ということがあります。たくさんの浦人たちが浜辺に揃い、それぞれ大きな椀に焼酎を盛り、それを飲み干したあと船に乗って港の口に行き、鰹を釣る真似をするのです。これを焼酎踊りと称します。また、稚児舞や泥打ち、あるいは大名行列が出るので、大勢の見物客がいます。

また、野母の日の山の権現や、寺や、家の座敷で踊ります。踊りのあいだに太鼓を叩くのですが、その数は決まっていて、一子相伝です。もしその数を間違えると、作物の出来や漁を左右すると言い伝えられているので、これを伝える家の者でないと打つことはできないというのです。以上が済むと、一斗入りの酒樽を船に乗せて港の口に行き、海底に沈めます。年によってはすみやかに沈む時もあれば、なかなか沈まない時もあって、これは龍神さまが受け取っているかどうかの占いとなります。この浦の漁の祭りは昔からこんなふうでした。

　また、焼酎踊りは少長踊りの言い誤りで、昔この祭りが始まったときには、大人も子どもも群れ出て踊っていたから少長踊りと名付けて、いまに残っているという説もあるのですが、これが本当かどうかもわかりません。

八月

一日

　八朔礼。地役人はそれぞれ金一封を包んで、これを台に載せて奉行所に行って節を拝し、かつ、冥加を感謝します。よって俗に冥加銀とも呼びます。八朔銀とも呼ばれます。身分や財産に応じて多寡はあります。寺社ではそれぞれ種々の紙などを台にしてお供えします。

　古株の町役人十五人や散使、表筆者へも、係の町より八朔銀が贈られます。

（二日には晧台寺の八朔礼があります。かつて大音寺と順番争いがあったので、別の日にします。正月五日の項を参照）

七日

　稲佐郷の弁天社祭礼。社壇の後ろに土俵を築いて相撲をします。市中の男女や遊女たちがそれぞれに船を浮かべて参詣します。「稲佐くんち」とも呼ばれます。ここは浦上淵村の区域です。この村内では、家々で濁酒を醸しておき、お客さんを呼んでお祝いします。

　長崎近辺の浦々で氏神祭りのことをすべて「くんち」というのは、九月九日にある長崎の祭りを「くんち」と言っているので、これに倣っているのでしょうか。あちこちの田舎くんちといえば、みんな長崎近郊の氏神祭りなのです。

八日

　同所の「うらくんち」。七日に来た人たちが、この日に至るまで濁酒を飲んでへべれけになっていて、ご機嫌です。

九日

　夜、金比羅山に多くの人が参詣します。

十日

　金比羅山祭礼。道筋には、志ある町からの接待所が設けられていて、お参りの人ののどの渇きを癒します。

十五日

　諸役人は佳日を拝します。

　桜馬場八幡宮の祭礼。

　この夜を、俗に「豆名月」と言い伝え、家々ではなますを作り、だいたいは琉球芋（カライモ…サツマイモ）や南京芋（里芋）、大豆を煮しめて、近所の奥さん方がお互いに持ち寄ったりして、賑わいます。文人墨客などは名月の会を催したりもします。

十八日
　秋葉山の祭礼。三月十八日とおなじ。

十九日
　七面山の祭礼。これまた三月のところにあり。

二十三日
　豊前坊の祭礼。右におなじ。
　この日は例年、館内で唐人たちが踊りを催します。

二十五日
　日見村網場名の氏神、天満宮のお祭り。毎年、近くの人たちが相撲を催すので、市中からも参詣する人がいます。

九月

一日
　諸役人は節を拝します。
　この日、神事町では「庭おろし」といって、これまで小屋で稽古していた踊りを、初めて衣装を着けて、外に出してやってみます。
　ただしこの夜、町は翌日「人数揃い」なので、あらかじめ親類縁者に案内をしたり、ごちそうを作ったり、座敷をしつらえて夜の明けるのを待つのです。また、踊りの役者たちは、笛や太鼓を打ち鳴らし、町内を騒いで回るので、どの家もやかましくて眠れません。

二日
　神事町では、「人数揃い」があります。神事町というのは、長崎の町は十一か町ずつの組にわかれており、それが毎年順番の持ち回りで九日と十一日の踊りを出して神輿のお供をする町のことです。この日、当番の町では、家の前に竹を立て並べ、軒先には幕を張っておいて、お客さんを待ちます。ずっと稽古してきた踊りを用意し、踊り子たちにはそれぞれ晴れ着を着せて、家々の前で踊ります。その家のほうでは、踊りの師匠さんや役者さんに幾らかのお花を包み、子どもたちには「栗柿饅頭」を包んで渡します。ただし、踊りを披露する家は持ち家に限られます。借家では踊りません。借家では、ただ幕を張って、お客を迎えて騒ぐだけです。これを人数揃いというのは、たぶん、その町の踊り子たちの人数を揃えて、振り付けや拍子を、一度やってみるという意味なのでしょう。
　踊りは今様の本踊り、風流獅子舞踊り、唐子踊り、薩摩踊り、羅漢踊り、韃靼踊り、石橋踊り、相撲踊りなどがあり、笛、太鼓、三味線、鼓、チャンメラ、ラッパ、銅鑼で、それぞれの踊りに応じて囃し立て、町々の趣向を凝らします。

また、「傘鉾」というものがあり、羅紗、猩猩緋、明鏡（※明錦…みんきん）、金入りの錦、ビロウドなどを下に垂らし、その上には様々な造り物を飾ります。これが傘鉾の「だし」で、町の名を掲げ、踊りの先に立てて目印とします。大勢の人が垣根のように集まって見物するので、町内はとても賑わいます。

大村町のだしは、夏越の祓いの団子に形が似ている金地のものです。この町印は、かつて雪山人（※書家）が書きました。（雪山人のことは『長崎先民伝』にあるのでここには書きません）その筆跡はすばらしく、見た人みんなが、称賛せざるを得ないものなので、だいぶ前のものですが、いまだにそれを使い、古いから捨てるなんてことはありません。

（傘鉾の図は二二一頁）

また、丸山寄合町の人数揃いは、毎年のことなので、一般の踊町のようではなく、単に町内の稲荷社や乙名の家の庭先、小舞の遊女を出した家で踊るだけです。ゆえに、両町の人数揃いの賑わいは、ほかの町のようではありません。

九日

神事町は、踊りの者たちが夜明け前から出発し、そのあとに町の乙名や組頭などの町の人たちが上下を着て、それぞれに挟み箱を持たせ、きっちり行列を作って従います。この日はまず諏訪社を第一番に踊るので、社の下あるいは炉粕町あたりで夜明けを待つのです。

諏訪の長坂（二の鳥居の上の矢五郎門の下の坂を、長坂と呼びます）には、長崎の町の人や、遠方から訪れた老若男女の見物客が、午前四時くらいから集まっていて、いざ踊りが始まると、誉めたりけなしたりの声が、地面を揺らすほど響きます。

この後、諏訪神社での奉納踊りが終われば、諏訪、森崎、住吉三社のお神輿はお旅所という波止場の仮殿に下られます。この日は、（南北）両馬町、勝山町、桜町、豊後町、新町、掘町、島原町、外浦町が行列の道筋です。家々で竹を立て並べ、幕を張ることは、人数揃いの時のようです。お下りの行列を見ようとお客さんがやってきます。老若男女、辻々に出ては、お神輿を拝む人がたくさんです。この日の踊りは、第一に諏訪社、第二に西屋敷、第三は御旅所、第四は立山屋敷（安禅寺の御霊屋で踊ってからこちらに行くこともあります）、第五は代官所と、順列を立てて廻ります。また、町年寄や踊町の乙名の親類縁者の家に立ち寄って踊ることもあったようです。

町の家々では、神事町に限らず、甘酒を造り、栗柿饅頭を台に盛っておくのがならわしです。踊りの場では、近きも遠きも、老いも若きも集まって見物します。

以前はこの月の七日、九日に踊りを奉納し、十一日に能があって、昔からこの三日間を「長崎九日」と呼びました。寛政六年、時の奉行平賀候の時、諏訪社の神主の願いによって、九日、十一日、十三日となりました。

また、長崎の神事の踊りの最初に両遊女町が出るのは、昔この地に邪宗の徒が跋扈していたのを、大いなる神の力をもって滅ぼしたのち、諏訪社の祭礼が始まる時に、初めて踊りを献じたのが両町だったからです。これゆえ、今なお両町が先立って踊るのだと、古老は言います。

諏訪社には、奉行のご名代として、重臣が臨席します。踊り見物の桟敷をしつらえ、場所の向かいには社用人を、また左右には畳を敷き並べて、船番町の役人たちなどが上下を着け、列を正して居並んで警護をします。また、乙名や諏訪社の下級神職たちの桟敷もあります。

あるいは近所の者たちは「私設」の桟敷をこしらえては旅人を待ち構え、年寄りや子供らが小銭稼ぎをしています。

この日の踊りは、二の鳥居の上にある長坂の下で踊ります。

西屋敷の桟敷では、両奉行ならびに部下の役人、勘定方や代官などが並びます。踊り馬場の左右には床をしつらえ、部下の役人が控えて、後ろに道具を立て並べて警護をします。遠見番、唐人番、船番町の役人たちなどが左右にずらりと並ぶのは、諏訪社のごとくです。

この日のお旅所には、奉行の部下は出ることなく、お役所付きの役人たちや船番町使たちが詰めて、場所の警護に当たります。

お旅所には唐人用の桟敷があります。この日は唐人屋敷の唐人たちが大勢見物に来るのです。様々な踊りがありますが、中でも唐子の踊りは、もともとかの地の風俗を学び、三、四歳の小さな子どもまでも混じって、衣装も帽子も、唄も音楽も唐風にして踊るので、見物の唐人たちはたちまちホームシックになって涙を流す者もいるのです。感動のあまり、指輪や花かんざしを桟敷から投げ、踊り子にプレゼントしたりもします。さらにその光景を旅人たちが眺めては、なんと珍しいもんだと喜ばない者はいないのです。

また、お旅所に阿蘭陀人が出ることもあります。これはその年の商館長の意向次第なので、決まりごとではありませんが、出るとなれば座敷をしつらえます。また、出島の阿蘭陀屋敷前に場所を構えて、踊りを披露してもらうことがあります。これは商館長がお旅所へ出る年には、留守番の阿蘭陀人たちが、出島の前で踊ってほしいと願うからです。

西屋敷のお旅所の踊りが済むころに、お神輿のお下りがあります。お旅所へ入られた後、両奉行が参拝します。場所詰めの役人たちはみんな、途中の左右に平伏してそれを待ちます。

神輿行列の概要
大鉾　五本（白の絹旗に三社の御紋を染め出す。一本を一人で持ち、左右に介添えあり、全部で三人が付く。図は一二二頁）／脚立　六つ（お旅所で神輿を置く）／ゆり（箱。所々に持たせて賽銭を受ける）／弓　数十張／長刀　数十枝／槍　数十本／猩猩緋投鞘槍　数十本／大太刀（高力氏奉納の銘あり）一振／短刀（袋入り）数十腰／法性造り兜（枠入り）／御綸旨箱／四神の鉾（一本ごとに色を分け、赤青黒白の幟を付ける）／獅子（緋どんすを被って体にする。道中は二人ずつで担ぐ）／沓持（道具類は、長崎近郊の者たちが例年斎戒し、白張烏帽子を着して持つ）／割竹（白張烏帽子着用）二人／山伏（導師が貝を吹く。諏訪は古来より山伏の集まるところであり、それが中興の神職となったので、いまなおこれに基づき、ここに導師が立つのであろうか）三人／猿田彦（白張烏帽子着用。※抹消されている版もあり）二神／町年寄・薬師寺氏（いまの諏訪明神は、元々磨屋町の薬師寺家より遷されたものなので、いまなお神輿の先に立つ）／当人町乙名／太鼓／神鏡（台に乗せて青糸の綱を張り、四人で持つ）／社用人／猿楽師・早水某／長崎村庄屋（町年寄以降の人たちはいずれも上下着用）／神輿（数十人白張烏帽子着用して肩に担ぐ。以下同）諏訪明神／神輿　住吉大明神／神輿　森崎大権現／笛太鼓はここに立つ。お供として、市中の老若男女、子どもにいたるまで神輿のあとに付く。このあと、丸山・寄合町の遊女たちも列を正してお供する／神主　青木陸奥　今大宮司（装束で輿に乗り、奉行所の桟敷の下で披露する時は降りる）／神主の息子　青木上野　次男・虎丸／神主親族　青木西市（西山郷妙見社神職）／神馬／下社家数人馬上／乙名頭取／総町乙名／（この間、下人小者たちしばらく続く）／十本槍（左右列を正す）／散使小使／散使／御名代（籠または馬上。両奉行の家臣が勤める）／年行司乙名（十本槍からここまでをひとまとまりとして『御名代付き』と呼ぶ）／船番／遠見番／町年寄／町使／五箇所宿老／長崎会所目付／長崎会所吟味役／長崎会所請払役／阿蘭陀通詞目付大小同助阿蘭陀小通詞／唐通事目付大小同助唐小通詞

右の行列の面々は奉行所桟敷下の砂上に平伏して、お披露目をします。

この夜、家々では門灯籠を出し、明神へ献じます。

十日（以前は八日）

お旅所に参詣する人が多く集まります。

この夜、家々では九日（以前は七日）の夜とおなじく献灯します。各場所には、近所より接待所を設けます。

十一日

両遊女町と神事町の踊りは、いずれも九日とは趣向を変え、この日はまずお旅所で踊り、西屋敷、諏訪社へと行きます。進行はだいたい九日とおなじで、二人の奉行は朝六時頃から諏訪の桟敷で踊りを見物します。(この日は九日の場所ではなく、一の鳥居の上のほうに桟敷があります)お旅所の踊りが済めば、お神輿のお上りがあります。(多くは昼ごろまでかかります)諏訪の踊りも済むと、両奉行は拝殿に上がって参拝します。

また、「湯立神事」が行われます。神主らが回廊に並んで座り、お祓いをするのです。(湯が沸いた)器のまわりには、見物人の人垣ができています。湯立神事の終わりには、行者が湯をかき混ぜた笹を、群衆の中に投げ入れます。みんなはこれを大騒ぎしながら争って取り合い、お守りとします。この争いの間は、役人たちもこれを制することはできません。

この日は、外浦町、大村町、本博多町、掘町、本興善町、豊後町、桜町、勝山町、両馬場町を神輿の通り筋とし、これは古くからの決まりごとです。天明五(一七八五)年には、雨でお下りが延期になるところを、奉行の戸田侯の命で、七日(当時は七日が前日)の夜中にお下りがあったのですが、これは昔からしても未曾有のできごとだったと古老はおっしゃっていました。

湯立神事が済んだら、「流鏑馬」があります。的を竹に挟み、馬場の三カ所に三本ずつ、人がこれを持って立てておいて、射させるのです。全部で九本の的で、馬場の左右は見物人が大勢詰めかけ、侠気の者たちはそれぞれに竹を持って馬の尻を打つので、ますます勇ましいものです。これは古来より神事のことなので、奉行の桟敷の下で行われるといっても、はばかることはなく、役人たちも大目に見て、制することはありません。

的は、第一番に射るのが諏訪明神の的と決まっていて、その次の二枚は両奉行、その次は代官所、次の二枚は南馬町、北馬町の的です。残りの三枚は「ばかひ的」と称して、見物の人々が落ち合い、折り重なり、争って取り合います。(「ばかひ」は「はひ取り勝ち」という意味の方言)バラバラになった的と矢を少しずつ取って、これをお守りにします。これを持つ者は、その年の運気が強いとも言います。さらに両馬町の的は、町の若者たちが争いながら走って取りあげ、両通事の方や、会所の役人その他、偉い人やお金持ちの家に持っていき、お祝いを述べます。するとその家から、ご祝儀として銀一枚ほどを渡すということが、以前からならわしとなっています。ということで、がめつい者たちは、まだ流鏑馬が終わらないうちから、偽物の的を作ってお金持ちの家に行き、ご祝儀をもらおうなんてことがあるとかないとか…。

十三日

午前六時ごろより、諏訪社で「神事能」があります。両奉行、部下、代官、勘定方、普請役、町年寄、宿老、神主、社用人、下社家などが皆、回廊を桟敷にして、順列通りに並びます。また舞台の左右には毛氈が敷かれ、弁当などを持ってきた市中からの見物客が大勢います。

桟敷はいずれも幕を回し張り、毛氈を敷き並べておきます。舞台の左右は遠見番、唐人番、船番、町使、散使の役人たちなどが警護をしています。

謡は祝言を含め、五番ずつです。もっとも番組は毎年変わり、一番終わるごとに狂言があります。

この神事能の番組は、毎年まず「諏訪」という謡を第一番にします。これは、昔この地に邪宗の徒がはびこって悪さをしていたところ、この明神が現れて、彼らを成敗されたという神徳を述べた謡なのです。誰が作ったのかは知りませんが、節は観世の家元で付けたということで、これを吉例として、いまもなおこの謡が最初に演じられるのです。

この夜を俗に「栗名月」といい、八月の名月とおなじようにします。

十五日

諸役人は佳日を拝します。

伊良林郷の若宮祭礼。伊良林は長崎の東にある稲荷社です。

「小瀬戸くんち」。同所の氏神祭礼。

「阿蘭陀八朔」といって、商館長たちが奉行所や代官所、町年寄のところへ挨拶に廻ります。さらに出島では、阿蘭陀人や召使いたちが鶏や豚を殺して酒宴を開いて、笛を吹いたり、木琴を叩いたりして祝うのです。

十六日

伊勢宮祭礼。この日を俗に「伊勢町くんち」といいます。この町では、家々で酒や肴を整えて客を迎え、祝います。古い記録によれば、伊勢町はもともと高麗町といい、のちに大神宮を勧請して、いまの町名になったそうです。

同日、浦上村の山里郷にある氏神、山王社の祭礼があり、俗に「浦上くんち」といいます。市中の男女は家を訪れて酒宴を開きます。

出帆する阿蘭陀人が、暇乞いをしに奉行所へ行きます。もちろんそれぞれには役人や通詞が付き添います。

十九日、二十日

阿蘭陀船が出航する日と決められています。福済寺や大徳寺などの眺めのいいところに、長崎の住民、旅の人々が集まって見物します。この、阿蘭陀船が数十もの紅白の旗をひるがえし、石火矢を放って、とも綱を解いて出て行く様子は、本当に絵にも描ききれないほどの珍しい眺めです。一艘しか入ってきていない年は、二十日が出航と決まっています。町々の国屋敷には、大名や家臣たちがいて、出航を見届けるのですが、彼らがいるとあって、商人たちはいろんな品物を商い、町も大いに賑わうのです。

二十一日

寄合町の「稲荷祭り」。二十三～四年前までは様々な踊りが催されて町内を賑やかしていたので、見物の男子たちが顔を隠し、貴賤を問わず押し掛けていましたが、いまではそんなこともなく、ただ遊女たちが客を迎えて賑わうばかりです。

二十九日

「古賀くんち」。村の氏神の八幡社の祭礼です。この日はまた社壇の後方に土俵を造っての相撲があります。市中からも多くの人が訪れます。

十月

一日

諸役人は佳日を拝します。

六日より十五日までは「十夜」といって、浄土宗のお寺では法会を行い、一向宗の家々では団子や煮しめを作り、親類縁者に出します。これを俗に「茶のもの」と呼びます。

七日より十三日までは「御影講」（俗に『おめいこう』）といって、日蓮宗の寺では法会があります。本蓮寺には稚児舞といって、僧侶や信徒が音楽を奏で、子どもたちは花の篭を下げて列をなし、また門徒僧侶はそれぞれ衣の襟を正して手に袈裟をかけ、堂内をお経を上げながら回ります。参詣の男女がたくさんです。

十五日

諸役人は、佳日を拝します。

この月初めての亥の日は、「玄猪の佳節」といって、家々では餅をついて祝います。俗にこれを「亥の子」といいます。また「この日に餅をつかない者には、鬼っ子ができる」なんてことが言い伝えられています。当日は能仁寺の弁天祭礼で、子どもたちはそれぞれにわか狂言などを言い立てながら、寺にやってきます。ただし、能仁寺（松の森の下にあって、延命寺の末社）の亥の子の祭礼は、以前は富札などがあって大いに賑わったのですが、いまはもうそんなこともなく、ただ参詣するだけです。

また、この夜は市中の子どもたちは、手頃な石を縄に結びつけて、双方から引き合って家々の門にやってきては、「亥の子の餅つかぬものは、鬼子持て子持て」なんてことを言いながら、踏み段に打ちつけます。これになんの意味があるのかわかりません。昔からこうなのです。

十一月

一日
　諸役人は佳日を拝します。

八日
　鍛治をする家では、「ふいご祭り」といって、家々に勧請したお稲荷さんにお神酒とお供えをあげ、お客さんを呼び、大いに賑わいます。
　この日、金剛院（如意輪寺という。長崎の南部、本石灰町の上にあります）や、西山郷の左近明神、そのほか各地の稲荷社で祭礼があります。

十五日
　諸役人は佳日を拝します。

　二十一日より二十八日までは、「御正忌」といって、一向宗の寺では仏前を美しく飾り、いろいろなお供えをして仏事を行い、昼夜説法があります。
　一向宗の信者は、とても信仰心が厚いので、御正忌のあいだは、子どもといえども午前二時ごろより起きて、みんな雪や霜を踏み分けて参詣します。その時刻になると、一向宗の寺では鐘をつくので、これを俗に「まいり鐘」といいます。男性は肩衣を着て、女性はさらし木綿、または「かなきん（西洋の布）」などを頭にかぶります。これを「おざぼし」といって、俗に角手拭、または角隠しと呼びます。新婦だろうと少女だろうと、みなこれを用います。

二十九日
　俗に「まな板起こし」といって、一向宗の信徒はみんな、鶏をさばき、魚を煮て食べます。いわゆる「精進落ち」というものです。
　昔からこの地では御正忌のあいだは、魚を買う者がまれなので、市中の魚の値段がいつもより、やや安くなるといいます。長崎でも一向宗が盛んだということが察せられるのです。
　この月の冬至の節の十一日目に当たる日を「阿蘭陀正月」といって、毎年、出島へ多くの通詞が入り、阿蘭陀人の召使いたちが笛や木琴に乗せて阿蘭陀の歌を歌ったりして、お祝いします。

十二月

一日
　諸役人は佳日を拝します。
　この日「川渡り」といって、前の晩から餅を売り歩く声が高々と聞こえます。

家々ではこれを求めておき、また、餅屋より買ったりして準備しておきます。この日の朝、神前や仏壇にお供えして、さらにはなますを刻んで、餅を添えて台に乗せ、客人に出すのです。これを「川渡りの餅」と呼んでいます。

ただし「川渡り」は、川を渡るということではなく、この月はとりわけ忙しい月だから、誰もかれもが暗いうちから起きて、また暗くなっても働いて回り、お互いに行き逢う人も目に見えないほどだという意味で「顔は誰（かほはたれ）」が変化した言葉だと古老は言っていました。いまでも「黄昏（こうこん）」を「たそがれ」と訓読みしているのを考えれば、そういうこともあるでしょう。「たそがれ」は、物の区別がわからず「誰か彼か」という意味なんだと、これまた古老は言うのです。

船江（長崎の西北五町ばかりにあり、俗にかっくい原）の非人たちが初めて「節季候」をして、市中の家々を廻ります。また「すすとり恵美須」ということもあります。これまた非人たちが烏帽子をかぶり、釣り竿を持って、恵美須さまに扮して家々の門に立ち、歌を歌って米を乞います。子どもたちはみんな、これを見て喜びます。

この月は、家々の多くで「すす払い」をします。あるいは、すすを払った笹に藁を束ねて海老をかたどり、屋根の内側に恵方を頭にして上げておけばめでたいとする家もありますが、これはみんながしているわけではありません。

二日、三日

節季候がやってくるので、子どもたちはみんな、夜明けに起きて待っています。

八日

夜、「臘八」といって、晧台寺で法会があります。これは昔、釈迦が悟った日と言い伝えられています。五穀の粥を作り、「うはち（※専用の鉢）」に盛って釈迦に供え、参詣の人に施します。あるいは人参、大根、こんにゃく、豆腐などを煮しめた、羅漢菜と呼ばれるものもあります。以前はお粥に白砂糖を添えて振る舞っていたのですが、このごろは砂糖も高価になっているので、いまは塩と黒ごまをかき混ぜて出しています。

四、五年前までは、夜に寺の大門を開けており、参詣の男女もたくさんいたので、市中の遊び人たちも集まってしまい、女の子に悪さをしていました。それゆえ、最近では小門だけを開いて、法会も至極ひそかなものになりました。

十三日

また節季候たちがやってきます。この日は俗に「正月のはじまり」と言い伝えられており、家々ではなますを作って祝います。

十五日

諸役人は佳日を拝します。

二十二日、二十三日ごろより、二十七、八日ごろまでは、家々で「年の餅」といって餅をつきます。新たに恵方棚を作って、春を迎える用意をするのです。家々に出入りの大工さんがいれば、毎年めでたい慣例として、この棚をしつらえてもらいます。

餅つきの日、新婚の家では、出入りしている者たちが集まって、新婦を抱きかかえて臼の中に入れようとします。その際、家の者たちは「千貫」「萬貫」などと声をかけながら、新婦を「買い取って」臼に入れないようにします。「臼入り」という、楽しい祝いの行事です。新郎にもまたおなじようなことをします。

十八日、十九日くらいから餅をつく家もありますが、これはまれです。

また、「大極柱の餅」、ということがあります。つきあげた餅で宝袋を作り、水引でへぎ板に結びつけ、大極柱に掛けておいたり、あるいは歳徳さんの頭のように作って柱に撫で付けたりすることもあります。これは「日が経って自然と落ちてくるのを取っておき、初めて雷の鳴った日に取り出して焼いて食べれば、雷よけになる」ということが、古くから言い伝えられているのです。

また、神棚、恵方棚、仏壇などの鏡餅のほか、門松の餅、幸木の餅、臼の餅、家財道具の鏡餅…いずれもそれぞれ、この日に作り置いておきます。

二十四日は、酒を飲むことを忌みます。これは愛宕山の縁日で、この日に酒を慎んでいれば、一年間火災を免れると言い伝えられているからです。俗に「酒精進」と言います。

二十八、九日

このあいだは、家々で松を立て並べ、それぞれに飾りをします。神棚、荒神棚、恵方棚、仏前、そのほか武器や家財などに〆を張って、鏡餅を供えます。鏡餅の多くは、上に昆布や橙などを置きますが、それぞれの飾りは、家によって違います。荒神棚の大鏡は、どの家でもすべて三つ重ねで、上に海老、橙、昆布、串柿、包んだ米、塩、下にユズリハ、裏白を敷いて、これを置きます。

ちょうどそのころ、鏡餅に塩鰤や塩をした紅魚などを添えて、親兄弟に贈る慣例もあります。両親が健在であれば、鏡餅は二組、片親の場合は一組を贈るのがならわしです。

「手掛けの台」というものがあり、一名を「蓬莱」と呼びます。その多くは三方（塗りまたは白木を用いる）に紙を垂らし、その上に裏白を敷いて、九合の米（なんで九合なのかはわかりません。十に満たないってことに意味があるのでしょうか?:)を盛って根曳きの松を立て、包んだ米、包んだ塩、昆布、海老、橙、橘、ホンダワラ、栗、茅の実などを置いて飾りとします。また三方に大熨斗を垂らして分銅で、あるいは奉書紙に米を包んで水引で中央を縛って宝袋にして重しにしたりもします。昔から家々のしきたりがあって、一様ではありません。老婆がいるような家では、かたくなに昔の形を守っています。正月中に来客があるごとに、まずこれを持ち出してお互いに祝いを述べます。趣味人などは三方の米の中に花瓶を入れて松竹梅を生けたりする者もいて、これは最近の流行りです。

(手掛けの台の図は一四二頁)

「幸木」というものがあります。長さはおよそ一間ほど。回り一尺あまりの木に縄を結びつけておいて、塩物といって鰤、鯱、するめ、鯛、鰹節、塩鯨、塩漬けの雁や鴨などを掛け、木には〆飾りをして、正月の飾りとするのです。正月のお客さんが来たら、まずこの木に掛けておいたものを料理して出します。

幸木という名前については、縄を結びつける際に、その年の月の数と同じ…通常なら十二と決まっていること、閏月のある年は十三であることを思ってみるといいでしょう。

大金持ちの家であれば、ペコペコと争うように贈りものを持って挨拶しにくる人がたくさんいるので、一本の木では足りず、違う木を継ぎ足して壁の間に掛けて飾りとします。奥さん連中は、これが多いほど鼻高々というわけです。

(幸木の図は一四三頁)

二十八日

諸役人は佳日を拝します。

六月十四日のような、奉行所の役人による町廻りがあります。

晦日

家々は掃き掃除をして、迎春の用意をします。

売り掛け取り集めの商人たちは、銭腹(総じて『はら』という。方言。※集金専用の竹籠)を担がせ、たとえ晴れていても、多くは木綿の雨合羽を来て、股引、脚絆、わらじを履いて市中の掛け先を廻ります。また遊女屋からは「やり手」たちが付き添い廻り、あちこちの問屋では客が取引し、町では様々な人々が行き交って賑わい、一方では大きな魚を売る声や、二の膳、八寸、神前用の折敷や掛け灯台、餅の台、また近郊からは釜の輪やむしろやかます、炭、薪、裏白、〆藁、松、笹、橙、みかんそのほか様々な野菜雑穀などの売り声が大きく響いています。

この日の暮れごろよりは、様々な神様や恵方棚、仏壇、家財道具、浴室、便所にいたるまで灯火を掲げ、この夜は家の中を昼のように明るくしておくものだと言われていますので、あちこちの灯火や火鉢には、予備の炭を添え置いておきます。

さてこの夜は、掛取りたちがみんな酒を飲み歩くものですから、歌ったり、手拍子を打ったりしてうるさいものです。夜明け近くに、ようやくやみます。

この夜は、「晦日そば」といって、そばを食べれば来年の運気が強くなるとして食べる者もいます。ある人は「これは町人がすることではない、武家が『（そばを？）打つ』という言葉を借りて、こんなことをしているものである」と言います。真相はよくわかりません。

夜、家々では翌朝の雑煮の具や、おせちゃ、お屠蘇などの準備を整えます。

雑煮は、水菜、大根、ごぼう、するめ、昆布、南京芋（里芋）です。

この六品を合わせて串に刺しておきます。出汁を温め、餅を入れて出す時に、この具を串を抜いて入れるのです。干し鮑や干しナマコを添えるのが古くからのお決まりでしたが、最近では、慎みのある家は、この二つは入れません。

この夜、大人子どもに関わらず、へぎに塩を盛ったり、重箱を作って家々を廻り、『明きの方（恵方）』から来ましたよ」などと言って、金銭を求めるのですが、これはまるで節分の夜のようです。

お正月のことは、貴賤の別なく、家々で多くのめでたいしきたりがあり、それぞれに用意をして、来る春を迎えます。

長崎には季節を問わない風習がありますので記しておきます。

子どもの遊びに「ねんがら」があります。遊び方はひとつではなく「たてば」「やりば」「づうかおう」「ちんかん」「くさらかし」などです。どれも子どもたちの言葉なので、本当の意味はわかりません。木製のものは、多くが椿の木を用います。金属製のものは、近年多くが船釘などを使います。略して「木ねん」「金ねん」とも呼びます。

子どもが二人でも三人でも、互いに代わる代わる場所に立って、一本ずつ釘を打ちます。その時に、それぞれのやりかたの掛け声があるのですが、書き表せません（二二三頁参照）。

「石蹴り」は、土地に線を引き、中に小石を積んでおいて、一人がこれを守ります。前後左右から、ほかの子どもたちが取ろうとする時に、その手を蹴って勝ちとします。子どもたちはこれで勝負をして、代わる代わる石を守る役をします。

役相続、または婚礼があった家の「水かけ」ということがあります。町の者たちが万歳や七福神に扮したり、踊ったり、または様々の島台（※祝事の飾り物）を造ってその家に行き、お祝いを述べます。その家からは、酒樽や肴代などを贈ってお礼としますが、もしその踊りなどを受けずに固辞することがあれば、様々な悪事をして、後々までのしこりとなるので、やむを得ず受ける者も多いのです。またチャルメラ吹きや座頭仲間から一人が代表としてやってきてお祝いを述べるので、これまた金一封を贈ってお礼とします。

春ののどかな日に大人も子どもも連れ立って天神札参りをしたり、婦人や老婆などはお大師さまの札参りをしたりします。長崎にある天神二十五社を回るので、二十五社札ともいいます。大師札は四十八ヶ所です。

「七高山廻り」ということがあります。老若に関わらず、元気な人たちが集まって、一日に七ヶ所の山を巡ります。このうち岩屋山は「高山」とも言える山ですが、その他は言いがたいですね。でも、どれも山には違いないですから「高」の字を添えて、そう呼ぶのです。

七高山は、愛宕山、彦山、豊前坊、秋葉山、七面山、金比羅山、岩屋山です。

船津浦（本蓮寺の下）の漁猟祭りとして「浦祭り」ということがあります。月日は決まっていません。男子が四、五人船に乗って稲佐の恵美須社に参り、帰り道には大いに踊り、飲んで酔っぱらい、灯火を左右に持って声を揃えて叫びます。陸からも大勢が出ていて、そのうちの一人が四斗樽を伏せて上に板を置き、それに上ってまた左右の手に大きな松の木の燃えさしを激しく打ち振って「まいそ、まいそ」と呼ぶのです。毎年これを漁の祭りとしますが、「まいそ、まいそ」がどんな意味なのか、現在に至るまでわかりません。

子どもの戯れに「博多コマ」「ふちコマ」などがあり、集まって回します。

「嫁ごぬすみ」ということがあります。定まった日にちはありませんが、十一月、十二月の間に多いです。娘を嫁に盗むことを、昔から「嫁ごぬすみ」といいます。旅人やお客さんで事情を知らない人は、これを聞いて驚き、犯罪なのだと思います。長崎では、中流以下の家の者た

(文)

ちは、内々に娘と通じておいて、あるいは知人などを通じて親へ話をしたのだが、その親が承諾しないとき、婿となる者が町の知人や友人らと申し合わせ、吉日を選んで娘の家の近所に行っておき、夜中に手はずをととのえ、娘を引き出して盗み取るのです。途中で籠に入れて大勢が声を揃え、「嫁ごぬすみだぞ～！」と叫んで走ります。これは長崎の風俗ですので、これを聞いて驚く家はありませんし、盗み取るほうの家では酒肴を整えておいて、たくさんの女性たちが集まって事を進めます。もっとも、娘に限らず、奴婢などで顔が良い者を盗み取って嫁にすることもあります。正式な結納や婚礼を整えることができない身分の者は、ほとんどがこれで済ませるのです。

　ただし、盗み取られてしまった親元からは、通例「取り戻し」といって、口利きの男女が三人ずつ、その夜を過ぎることなく婿側に出向きます。これはもともと、世間の義理として取り合いをする、または形だけのことであり、取り戻しにいった人たちも吉事をよろこび、婿の家に行ったところで、そのほとんどが酔っぱらって帰るのです。また、盗まれた嫁で、意に添わない場合は、夜半を待って、または夜が明けてから親元に逃げ帰る者もいます。この時は婿の面子が丸つぶれ、ということで、すぐにほかから盗んでくることもあるのです。

ヘチマを糠味噌に漬けておけば、その家に盗賊が入らないといって、このまじないをする人がいます。長崎の風俗ですが、どの家でもするわけではありません。また、橙を漬けることもあります。

　毎月の神仏の縁日は以下の通り。

「一六日」といって、一日、六日、十一日、十六日、二十一日、二十六日に、男女を問わず伊勢町の伊勢宮に参詣します。婦人の多くは、夜に参詣します。

　八日、十二日は、薬師仏の縁日として、延命寺や浄安寺（どちらも寺町）などに参詣します。

　十日は、金比羅の縁日として多くの人が九日の夜に金比羅山に登ります。

　二十一日は、延命寺、大徳寺（本籠町）、青光寺（出来大工町）そのほか大師ある寺の参詣です。

　十七日、十八日は、清水寺の観音菩薩の縁日です。夜の参詣が多く、遊女なども来ます。

　十九日は、福済寺の観音さまの縁日。

宮詣で

夜の参詣が多く、遊女などが来るのは右におなじ。

　十九日は、七面山の縁日でもあり、日蓮宗の人たちが参詣します。

　二十日は、大徳寺の観音さまの縁日。夜の参詣が多いです。

　二十四日は、地蔵菩薩の縁日として、禅林寺（寺町）、躬性寺（下筑後町）、そのほか所々の地蔵堂への参詣があります。

　二十四日は、愛宕山の縁日。昔は二十三日の夜の参詣が多かったのですが、いまはやや衰えています。

　二十五日は、松森、梅園（丸山町の脇手）、大音寺坂（今下町の中）、そのほか所々の天神への参詣があります。

　二十六日は、愛染明王の縁日として、家によっては「籠もり」をすることがあります。また、延命寺などへ参詣します。

　二十八日は、不動尊の縁日として、これがある寺への参詣があります。

　二十八日は、荒神社の参詣があります。

　隔月、「甲子待ち」「子待ち」といい、家々で大黒さまを壇に飾り、七種の菓子、大根、小鯛、黒米に大豆を入れ、または黒豆を混ぜ入れ、飯に炊いて枡に入れ、また、お神酒や鏡餅などを供えます。家によっては瞽女や座頭を呼んで親類縁者が集まり、賑わいます。これは多くが午前〇時ごろまで行われます。いうまでもなく「甲子」の夜だけがこんなふうです。

寺参り

産物と細工物

花ござ
もやし（蒸し豆で作る）
唐菜（中国名は白菜。栽培は長崎の土地に限ります。もし苗や種を違う土地に持っていって植えても、たちまち性質が変わって不味くなります）
時計細工（袂時計、櫓時計、枕時計、掛時計、管弦時計、尺時計）
千里鏡（遠眼鏡）　附鼻眼鏡
綿つる（※綿打ちの時に使う道具）
銀細工
針（総じて南京針と呼びます）
数珠
メリヤス
玉細工
算盤
外科道具（広瀬何某の家のものが最上）
タバコの刻み
ギヤマン彫り
イカのぼり（華蛮の作り方が多い）
ビイドロヨマ
ビイドロ
このほか、「拳」もまた長崎が最上。
（※拳札のことと思われる）

方言

どうしたというて　　どんぎゃんしたて
ちゃあ
ぬしは（罵りの言葉）　　うなあ
それでも　　あるばってんから
それゆえ　　そんけん
ここへこい　　こけへわたへ
なんというか　　なんてぬかすか
われなど　　わりたち
人の女房を　　おかっさん
父を差して　　ちゃんさん
兄を差して　　ばぼうさん
おばを差して　　ばっちいさん
婆を差して　　ばんばさん
あちらにゆけ　　あっちきゃあ
承知しないことを　　きかんばよう
さらばなあ　　さんばなあ
あちらにゆけ　　あちしう
驚く言葉を　　はあわあ
そうは言うな　　そんぎゃんないわあな
こなたさん　　こなつさん
てんでに　　てんどりぼうどり
このように　　こんぎゃん
ばひとりがち　　ばかひ
人に悪口をする時　　あのげどう／あのがき／あのつくしょう
おのれを見よ　　わがじょうみさへよう／ぬしみろあに
我が町を通ってみよ　　やどんちょうと
おってみさへよう
だれでも　　だりでも
そういたして　　そうしてくさな
ぬしなどは　　うんどまあ
ここへこないか　　こけへこんやあ
すべて木戸番を　　ばんやじい（老若は問わず）
これはなにほどか　　こりゃいくらなあ

うちおけ　うっちょけ
そういたしてくれろ　そうしてくっさへ
何と言うては　なにちゅうちゃあ
あまりぞや　あんまりばよう
叱ることを　がる
うそを　すらごと
あざむくものを　あゆるもんざへ
値切ることを　こぎる
踏み段の石を　ぎんば
目籠のことを　ばら
すいのうを　すいにょう
雪駄を　せきだ
草履を　じゃうり
腰掛けを　ばんこ
肩車を　ずんきゃきゃきゃん
亭主のことを　ごてい
水浴びせを　水かけ
水瓶を　はんどうがめ
片手桶を　てぎ
へっついのあるところ　火床（※かまど）
裏白を　もろむき
魚を料理する庖丁を　でば／でばほうちょう
でんぎを　すりこぎ
中鉢のことを　ばしょう
かうがい（※髪飾り）　棒かみさし
カエルを　どんくう
カエルの子　ぎゃへりこ
トンボを　へんぶう

以上は身分の低い者や婦女に多い言葉

魚売りの合言葉

一を　しちょ
二を　りゃん
三を　てん
四を　わさ
五を　げん
六を　がた
七を　よし
八を　ため
九を　くげ
十を　そく
百を　ちっか

魚売り同士の取引の時に、多くこの言葉を使います。

増補
びっこを　ちんば
担い棒を　おうこ
背負うことを　からう
疫病を差して　権の十／権のじょう
もがさを　せんきゅう
てんかんを　ゆみひき

魚売り

おわりに――希望の「山河」がここにある

一冊の「山河」になりますように。

そう願いながら、この本を作ってきました。絵の分析や歴史的な検証、行事内容の解説など、学術的に見れば物足りないかもしれませんが、慶賀さんと文龍さんの歳時記を、子どもからお年寄りまで、誰もが親しく手に取って開ける「本」という形にまとめておきたかったのです。私たちの足もとや根っことつながる江戸時代の人々の生活が、これほど鮮やかに描かれ、記されていることを、まずは難しいこと抜きで楽しんでいただければ嬉しいです。

「山河」という言葉は、思想家の内田樹先生によるものです。予想もしなかった破綻が起き続けている現在の日本の状況を「後退戦」であるとしながら、「『国破れて』も、山河さえ残っていれば、私たちは国を再興することができる。」そしてこの場合の「山河」は、単に自然環境だけでなく、言語や宗教、芸能、クラフトマンシップ等々までをも幅広く含めた生活文化を指し、各人がすべきは「自分の手元にあって『守れる限りの山河』を守る」ことであると書かれていました（『二〇一五年の年頭予言』／ブログ『内田樹の研究室』二〇一五年一月一日）。その時すでに「慶賀&文龍」の歳時記をまとめ続けていたのですが、「私がやっているのはこれだ！」と強く勇気づけられ、記事をプリントして手帳に貼りました。

二〇〇年の時を越えて残ってくれていた二人の歳時記は、間違いなく私たち

イザナギ・イザナミ図

の「山河」です。ここに掲載しきれなかった慶賀さんの作品や、長崎について書かれたほかの文章についても、いつの日かまとめていけたらと考えています。

このあとがきを書き始めようとした時、熊本で大きな地震が起きました。大学時代を過ごした町が壊れ、見慣れたお城や、訪れた橋や神社が崩れました。長崎もまた、禁教と弾圧、原爆、水害と、いくつもの悲しみに襲われた土地です。しかしそれでも、生きている人は、生きていかなければならない。どうかこの本が、ささやかな「山河」となり、本を開いている間は、懐かしく、心楽しいひとときであるようにと祈っています。

この本ができるまでには、多くの方の協力や教えがありました。

ライデン国立民族学博物館に所蔵されている慶賀作品の使用をお取り計らいくださった、史跡出島復元アドバイザーのマティ・フォラーさん。そのお力添えがなければ、この本は切り貼りノートのままでした。マティさんへのご縁をつないでいただいた、大田由紀さん。由紀さんが制作した慶賀さんの番組のアシスタントとして取材に同行させてもらったことが、どれほど私の宝になったことでしょう。長崎史談会会長の原田博二先生、シーボルト研究家で純心大学教授の宮坂正英先生、江戸東京博物館の小林淳一先生、元NBC長崎放送プロデューサーの大田壽満夫さんには、番組の取材や「鯨飲会」で、慶賀さんや長崎についての様々な話を聞かせていただきました。文龍さんの「長崎歳時記」の存在を教えてくださった、長崎県長崎学アドバイザーの本馬貞夫先生。「町人町プロジェクト」で取り上げてくださった岩崎直哉さん。「おはようラジオ」で応援してくださる、NBC長崎放送の平松誠四郎さん。「いまを楽しむ『長崎歳時記』」講座でお世話になったNBC学園と受講生のみなさん。長崎歴史文化博物館の野間誠二さんと資料管理課のみなさん。ライデン国立民族学博物館のダン・コックさん。弦書房の小野静男さんは、とめどない私の「慶賀トーク」にお付き合いくださりつつ、よりよい本にするための提案や指示を出してくださいました。

小学生の私を「川原慶賀展」に連れて行ってくれた両親。幼き日々を共に過ごした橋本美保さん。恩師である元熊本大学教授の安田宗生先生。大好きな山下家、大倉家のみなさん。たびたび江戸時代にでかけて帰って来ない母と妻を、あたたかく見守ってくれた家族。長崎の町。そのほか、ここに書ききれなかった方々、本を手に取ってくださるすべての方々に感謝します。

そして、大好きな慶賀さん、文龍さんに、この本を捧げます。

下妻みどり

二〇一六年　楠萌える長崎にて

〈おもな参考文献〉

『川原慶賀展』図録（西武美術館／一九八〇年、一九八七年）
『シーボルト父子の見た日本』図録（ドイツ・日本研究所／一九九六年）
『大出島展』図録（長崎市立博物館／二〇〇〇年）
『シーボルトの水族館』図録（長崎歴史文化博物館／二〇〇七年）

『長崎歳時記』野口文龍
文化四年頃精写本（長崎歴史文化博物館収蔵）
『長崎県史』史料編第四（長崎県／一九六五年）
『日本庶民生活史料集成』第十五巻（三一書房／一九七一年）

『日本』メイラン
『長崎県史』史料編第三（長崎県／一九六六年）
『新異国叢書』第三輯一（雄松堂出版／二〇〇二年）

『長崎名勝図絵』（長崎文献社／一九七四年、一九九七年）
『長崎市史風俗編』（古賀十二郎編／一九二五年）
『新長崎市史』第二巻近世編（長崎市／二〇一二年）
『長崎事典』風俗文化編・歴史編（長崎文献社／一九八二年）
『長崎ものしり手帳』『続・長崎ものしり手帳』『続々・長崎ものしり手帳』
（永島正一／長崎放送／一九七二年、一九七七年、一九八三年）
『図説長崎歴史散歩』（原田博二／河出書房新社／一九九九年）
『シーボルトと町絵師慶賀』（兼重護／長崎新聞新書／二〇〇三年）
『長崎県の山』（山と渓谷社／一九九四年）

『日本民俗事典』（大塚民俗学会／弘文堂／一九七二年）
『図説　日本民俗学』（福田アジオ他編／吉川弘文館／二〇〇九年）
『陰陽五行と日本の民俗』（吉野裕子全集第五巻／人文書院／二〇〇七年）

『眼鏡屋直次郎』（ねじめ正一／集英社／一九九九年）
『シーボルトの眼　～出島絵師　川原慶賀』（ねじめ正一／集英社／二〇〇四年）

テレビ番組『川原慶賀　～シーボルトの眼になった男』
（大田由紀／ＮＢＣ長崎放送／二〇〇〇年）

ウェブサイト・データベース『川原慶賀の見た江戸時代の日本（Ｉ）』（長崎歴史文化博物館）

〈編著者略歴〉

下妻みどり（しもつまみどり）

ライター。長崎についてのエッセイやイラスト、雑誌・書籍・広告記事などを手がける。著書「長崎よりみち散歩」（ながさきプレス刊）、「長崎迷宮旅暦」「長崎おいしい歳時記」（書肆侃侃房刊）。新聞連載「ながさきのみつけかた」（西日本新聞）。NBC学園「いまを楽しむ『長崎歳時記』」「長崎よもやま散歩」講座講師。NBCラジオ「おはようラジオ」コラム出演など。テレビディレクターとして長崎くんちのコッコデショを取材した「太鼓山の夏～コッコデショの131日」（NBC長崎放送／二〇〇四年）は日本民間放送連盟賞を受賞した。

一九七〇年生まれ。熊本大学文学部（民俗学）卒。長崎市在住。

川原慶賀《かわはらけいが》の「日本《にっぽん》」画帳《がちょう》

《シーボルトの絵師が描く歳時記》

二〇一六年七月一日第一刷発行
二〇一六年十二月三十日第二刷発行

編著者　下妻みどり
発行者　小野静男
発行所　株式会社　弦書房
（〒810-0041）
福岡市中央区大名二-二-四三
ELK大名ビル三〇一
電　話　〇九二・七二六・九八八五
FAX　〇九二・七二六・九八八六

印刷　アロー印刷株式会社
製本　篠原製本株式会社

ISBN978-4-86329-136-2　C0021

◆弦書房の本

【第23回地方出版文化功労賞】
鯨取り絵物語

中園成生・安永浩　日本の捕鯨の歴史・文化を近世に描かれた貴重な鯨絵をもとに読み解く。鯨とともに生き、それを誇りとした日本人の姿がここにある。秀麗な絵巻「鯨魚鑬笑録」をカラーで完全収録（翻刻付）。他鯨図版多数。〈A5判・336頁〉**【2刷】**3000円

江戸の〈長崎〉ものしり帖

松尾龍之介　京都の医師が長崎遊学で見聞した風物を、当時としては画期的な挿絵入りで紹介した寛政十二年（一八〇三）のロングセラー『長崎聞見録』を口語訳し、わかりやすい解説、新解釈の挿絵を付した現代版の長崎聞見録。〈A5判・220頁〉2100円

長崎蘭学の巨人　志筑《しづき》忠雄《ただお》とその時代

松尾龍之介　ケンペルの『鎖国論』を翻訳し〈鎖国〉という語を作った蘭学者・志筑忠雄（1760〜1806）。長崎出島の洋書群の翻訳から宇宙を構想し、〈真空〉〈重力〉〈求心力〉等の訳語を創出、独学で世界を読み解いた鬼才の生涯を描く。〈四六判・260頁〉1900円

幕末の外交官　森山栄之助

江越弘人　ペリー・ハリス来航以来、日米和親条約、日米修好通商条約など、日本開国への外交交渉の実務を全て取り仕切った天才通訳官の生涯。諸外国での知名度に比して日本では忘れられてきた森山の功績を再評価する。〈四六判・190頁〉**【3刷】**1800円

《トピックスで読む》長崎の歴史

江越弘人　どこから読んでもおもしろい。これまで知られることのなかった新資料も駆使し、長崎という土地に生きた人間と、日本全体の動きに連動してきた歴史とを描く。原始古代〜現代まで、200項目のトピックスが語る長崎の通史。〈A5判・320頁〉2200円

◉FUKUOKA *U*ブックレット❾
かくれキリシタンとは何か
オラショを巡る旅

中園成生　四〇〇年間変わらなかった信仰。「かくれキリシタン信者は、宣教師がいなくなったことで、それまで伝えてきたキリシタン信仰の形を、忠実に継承することしかできなかった――」かくれキリシタン信仰を丹念に追いかけた一冊。〈A5判・64頁〉680円

幕末の奇跡
〈黒船〉を造ったサムライたち

松尾龍之介　製鉄と造船、航海術など当時の最先端の西洋科学の英知を集めた〈蒸気船〉から幕末を読み解く。ペリー来航後わずか15年で自らの力で蒸気船（＝黒船）を造りあげた長崎海軍伝習所のサムライたちを描く出色の幕末史。〈四六判・298頁〉2200円

砂糖の通った道
菓子から見た社会史

八百啓介　砂糖と菓子の由来を訪ねポルトガル、長崎、台湾へ。それぞれの菓子はどのような歴史的背景の中で生まれたのか。長崎街道の菓子老舗を訪ね、ポルトガルの菓子を食べ、史料を分析して見えてくる〈菓子の履歴書〉〈四六判・200頁〉**【2刷】**1800円

＊表示価格は税別